小学生スポーツシリーズ

**DVDでレベルアップ**

読んでわかる！
見てわかる！
**DVD**
42分収録

# 小学生の野球
## 上達BOOK

Baseball

富士見台ウルフ少年野球クラブ監督
**小笠原春夫** 監修

JN153341

新星出版社

## はじめに

# 野球が上達するコツを凝縮！

「ライバルよりうまくなりたい！」
「レギュラーの座を勝ち取りたい！」
「チームのなかでもっと活躍したい！」

　本書は、そんな思いにこたえる1冊です。捕る、投げる、打つ、走るなど、野球が上達するテクニックを凝縮しました。はじめのページから読み進めてもいいし、自分が強化したい、あるいは弱点を克服したい項目を選んで読んでもよいでしょう。きっと役立つヒントがたくさん見つかるはずです。

　たとえば、速いボールを投げたり、力強いバッティングをするには、紹介している「体重移動」をマスターすれば、すぐにでも、今よりももっと速く投げられ、もっと遠くへ飛ばせるようになります。ぜひ試してみてください。

　各ページには、「富士見台ウルフ少年野球クラブ」をひきいる小笠原監督による"直伝のアドバイス"も掲載しています。多くの野球少年を育ててきた経験のなかから、「こうすればうまくいくとっておきのアドバイス」や、「おちいりがちなポイント」についてとりあげました。

　ワクワクしながら、読み進めてみてください。目からうろこの上達のヒントが見つけられるにちがいありません。

# 富士見台ウルフ少年野球クラブ

## 文武両道を重んじる地元密着の野球チーム！

　神奈川県宮前区の富士見台小学校、土橋小学校ほか、地域周辺の小学校に通う子どもたちによるチーム編成。活動拠点は、富士見台小学校、宮崎第四公園、多摩川河川敷グラウンドなど。入部に際してセレクション（選考実技テスト）はなく、「野球をやりたい！」という気持ちさえあれば幅広く受け入れる。「文武両道」の精神を重んじ、野球を通じた人間形成が目標。父母による協力も非常に手厚く、チーム全体がファミリーのような雰囲気であるのも結束力を高める一因になっている。
「努力は君たちを裏切らない！」がモットー。

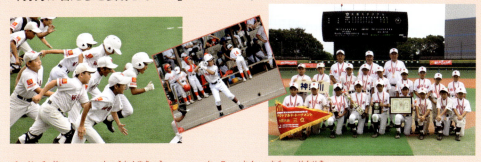

## 富士見台ウルフ少年野球クラブ過去5年の主な戦績

高円宮賜杯 第36回 全日本学童軟式野球大会 マクドナルド・トーナメント全国大会3位
高円宮賜杯 第36回 全日本学童軟式野球大会 マクドナルド・トーナメント 神奈川県予選優勝（4年連続出場）
高円宮賜杯 第36回 全日本学童軟式野球大会 川崎市予選大会 優勝（2連覇、第33回大会優勝）
第7回 ポップアスリートカップ全国大会 ベスト8（第8回大会 2年連続出場）
第10回 ポップアスリートカップ神奈川県大会 優勝（第7回、第8回大会優勝、3回目）
2014リスト杯神奈川県学童軟式野球選手権大会 優勝
第24回 宮前区春季学童軟式野球大会および秋季学童軟式野球大会 優勝（両大会4連覇）
2012東京新聞旗争奪神奈川県学童軟式野球選手権大会 優勝（第36回大会 3位）

### <連絡先>

**富士見台ウルフ少年野球クラブ**

〒216-0035　神奈川県川崎市宮前区土橋6丁目10-7 鈴木ビル2階
Mail　info.wolf777@gmail.com　　URL　http://wolf.main.jp/

## DVDでレベルアップ 小学生の野球上達BOOK
# 目次 CONTENTS

はじめに ······································································································ 2
小学生 野球のルール ······················································································ 6
本書の特徴とDVDの使い方 ············································································· 8
**コラム** キャッチボールには、野手の基本がつまっている ·································· 10

## 第1章 バッティング
バットの握り方 構え方 ·················································································· 12
レベルスイング ···························································································· 14
体重移動 ···································································································· 16
「壁」を作る ································································································ 18
右ひじを押し込む ························································································· 20
高いボール ·································································································· 22
低いボール ·································································································· 24
インコース ·································································································· 26
アウトコース ······························································································· 28
バント ······································································································· 30
セーフティバント ························································································· 32
**コラム** 長打力が確実に身につくマスコットバットとサンドボール ······················· 34

## 第2章 ピッチング
ボールの握り方 構え方 ·················································································· 36
腕の振り方 ·································································································· 38
体重移動 ···································································································· 40
リリース ···································································································· 42
コントロール ······························································································· 44
セットポジション ························································································· 46
けん制 ······································································································· 48
**コラム** 「マエケン体操」を取り入れてフォームをダイナミックにしよう ··············· 50

## 第3章 キャッチャー
構え方 捕球の基本 ······················································································· 52
ショートバウンド ························································································· 54
セカンドへの送球 ························································································· 56
キャッチャーフライ ······················································································ 58
リード ······································································································· 60
本塁でのクロスプレー ··················································································· 62
**コラム** キャッチャーはチームの司令塔。その自覚をしっかり持とう！ ················· 64

## 第4章　内野手

- 構え方 ……………………………………………………… 66
- 捕球・送球の基本 ………………………………………… 68
- ゴロ ………………………………………………………… 70
- シングルキャッチ ………………………………………… 72
- 逆シングルキャッチ ……………………………………… 74
- フライ ……………………………………………………… 76
- ショートバウンド ………………………………………… 78
- 高いバウンド ……………………………………………… 80
- ファーストの捕球 ………………………………………… 82
- コラム　捕球技術が向上する段階的キャッチボール練習 …… 84

## 第5章　外野手

- 構え方 ……………………………………………………… 86
- 捕球・送球の基本 ………………………………………… 88
- ゴロ ………………………………………………………… 90
- フライ ……………………………………………………… 92
- コラム　中間のフライはだれが捕る？ 失敗しないポジショニングとは …… 94

## 第6章　走塁

- 1塁をかけ抜ける ………………………………………… 96
- 盗塁 ………………………………………………………… 98
- リードから帰塁 …………………………………………… 100
- ベースランニング ………………………………………… 102
- スライディング …………………………………………… 104
- 本塁でのクロスプレー …………………………………… 106
- コラム　楽しみながら走力を高める「SAQトレーニング」に挑戦 …… 108

## 第7章　実践

- ダブルプレー ……………………………………………… 110
- 挟殺プレー ………………………………………………… 112
- カットプレー ……………………………………………… 114
- バックアップ ……………………………………………… 116
- 送りバント ………………………………………………… 118
- スクイズ …………………………………………………… 120
- バスター …………………………………………………… 122
- ヒットエンドラン ………………………………………… 124
- タッチアップ ……………………………………………… 126

企画・編集●スタジオパラム　Photographer●上田克郎　Writer●吉田正広　Design●スタジオパラム
DVD制作●(株)映光

# 小学生 野球のルール

小学生の野球には、特別なルールがあります。確認しておきましょう。

## グラウンドの広さやボールの種類など用具の規格をおぼえておこう

**ピッチャーは変化球を投げることが禁止されている**

　小学生の野球のグラウンドの規格は、右のイラストのとおり。ピッチャーが投球を行うマウンドは、高さが25.4センチ、直径が4.572メートル、ピッチャープレートは横幅が51センチ、縦幅は13センチというのが正式なルールである。バッターボックスは、横幅が90センチ、縦幅は150センチ。

　1塁側の外側に引かれたラインは、スリーフットライン。1塁で守備が行われているとき、バッターランナーは守備をさまたげないように、この間を走らなければならない。

　ラインの幅は、7.6センチ。湿り気のある石灰、またはチョーク、その他、白い材料で描かれなければならない。

　また特筆すべきは、小学生の野球ではピッチャーの変化球は禁止。対象となる動作は、「握り方を変える」「手首をひねる」だ。

　また、ひねっていなくても、自然に回転がかかってボールが曲がるナチュラルシュートなども認められていない。

小学生の野球では、ピッチャーが変化球を投げることは禁止されている。投げた場合は、ボール球を宣告される。注意を聞き入れずにくり返す場合は、選手交代を命じるなどのペナルティが科せられる。

## 小学生の野球のグラウンドの規格

小学生の野球のグラウンドは、プロ野球や高校野球よりもコンパクトなサイズになっている（プロ野球や高校野球は、プレートから本塁までが18.44メートル、塁間は27.431メートル）

|  | プレートから本塁までの距離 | 塁間 | 外野フェンスまでの距離 |
|---|---|---|---|
| 少年軟式（高学年部） | 16メートル | 23メートル | 両翼70メートル、センター85メートル |
| 少年軟式（低学年部） | 14メートル | 21メートル | 両翼70メートル、センター85メートル |

## 小学生の野球のボールの規格

小学生の野球で使われる軟式のボールはC号とD号。反発とは、150センチの高さから大理石の上に落としたときにはね上がる高さ。試合で使用できるものにはJSBBマーク（全日本軟式野球連盟）が入っている。

| 号 | 対象 | 直径（ミリ） | 重量（グラム） | 反発（センチ） |
|---|---|---|---|---|
| C号 | 小学生 | 67.5〜68.5 | 126.2〜129.8 | 65.0〜85.0 |
| D号 | 小学生低学年 | 64.0〜65.0 | 105.0〜110.0 | 65.0〜85.0 |

※写真提供・内外ゴム（株）

# 本書の特徴とDVDの使い方

この見開きで説明する内容です。気になる項目をチェックするのに役立ててください。

**監督からのアドバイス**
多くの野球少年を指導してきた監督からのアドバイスです。おちいりがちなポイントが明らかになります。

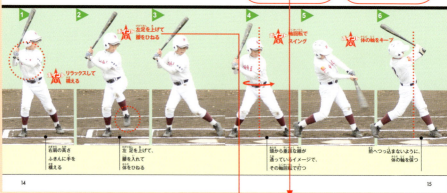

**プレーレベル**
数字が大きくなるほど難易度が高まることを示すインジケーター。自分の実力を知る目安にもなるでしょう。

**練習人数**
1人でできる練習から、数人で取り組むチームプレーまで取り上げています。所定の人数をそろえましょう。

テクニックをマスターするうえで必要になる考え方や、知っておくとプレーで役立つコツなどを、わかりやすく説明しています。

プレーの動きや流れがイメージできるように、連続写真を掲載。ポイントを一言でまとめているので、しっかりと覚えるようにしてください。

※本書は右利きを基本として解説しています。

## DVDの使い方

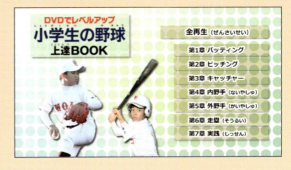

　DVDには、DVD-Video対応プレーヤーで再生できる映像と音声が収録されています。必ず、DVD-Video対応プレーヤーで再生してください。

　DVDディスクをプレーヤーに入れるとディスクを読み込み、自動的にメニュー画面になります。

　すべての映像を続けて見たいときは、いちばん上の「全再生」を選んでください。

　各章のタイトルを選べば、選んだ章だけを見ることができます。

　再生中の項目を先に送りたい場合は、リモコンのスキップ（SKIP）ボタン（またはクリック）を押せば、次の項目タイトルから見ることができます。

### DVDをご使用になる前にお読みください。

【取り扱い上のご注意】
- ディスクは両面とも指紋、汚れ、傷などをつけないように取り扱ってください。またディスクに大きな負荷がかかると、データの読み取りに支障をきたす場合もありますのでご注意ください。
- ディスクが汚れたときは、メガネふきのようなやわらかい布を軽く水で湿らせ、内側から外側に向かって放射線状に軽く拭き取ってください。レコード用クリーナーや溶剤などは使用しないでください。
- ディスクは両面とも、鉛筆、ボールペン、油性ペンなどで文字や絵を書いたり、シールなどを貼付しないでください。
- ひび割れや変形、または接着剤で補修されたディスクは危険ですから、絶対に使用しないでください。また静電気防止剤やスプレーなどの使用は、ひび割れの原因となることがあります。
- 使用後は必ずプレーヤーから取り出し、専用の袋に入れて保管してください。
- 直射日光の当たる場所や、高温、多湿の場所には保管しないでください。※このディスクは、家庭内での私的鑑賞にのみご使用ください。本DVDビデオおよびパッケージは著作権上の保護を受けております。ディスクに収録されているものの一部でも、権利者に無断で複製・改変・転売・放送・インターネットによる配信・上映・レンタル（有償・無償を問わず）することは法律で固く禁じられています。

- DVDビデオは、映像と音声を高密度に記録したディスクです。DVDビデオ対応プレーヤーで再生してください。DVDドライブ付きのパソコンやゲーム機などの一部の機種で再生できない場合があります。
※詳しくは、ご使用になるプレーヤーおよびモニター（テレビやパソコンなど）の取り扱い説明書をご参照ください。

DVD-Videoとは、映像と音声を高密度に記録したディスクです。
DVD-Video対応プレーヤーで再生してください。

©SHINSEI Publishing Co.,Ltd. 2017 All right reserved

## コラム

# キャッチボールには、野手の基本がつまっている

　キャッチボールには、野手に必要なあらゆる動作の基本がつまっている。しっかりとマスターしよう。

　まず構えでは、足幅を広げすぎたり、せばめすぎたりせず、肩幅ていどにして、動きやすい姿勢をとる。ひざも軽く曲げるようにしよう。グローブは、相手がねらいを定めて投げやすいように、胸の前に差し出そう。

　ボールをキャッチするときは、おうちゃくして左手だけで捕らずに、右手でふたをしてグローブから落球してしまわないようにすることが大切だ。またグローブのアミではなく、手のひらのまん中で受け、しっかりと捕球しよう。

　一方投げるときは、相手が構えるグローブにねらいを定めて正確なコントロールを心がけよう。腕を下からまわしてきて投げる動作に入ったら、右ひじを高く保つことが重要。右ひじが下がってしまうと、腕で押し出すような投げ方になって、スピードが出ず、コントロールも乱れてしまう。ふみ出す左足を相手のほうへ向けると、方向性を定めやすくなる。

## 第1章

**Batting**

# バッティング

バットの握り方や構え方から、投球コースや高さに応じたスイングのテクニックを紹介。ヒッティングに加えてバントの技術も解説する。

バッティング

# バットの握り方 構え方

## スイングの最も基本となるいちばん重要なポイント

プレーレベル 1 2 3 4 5　　練習人数 1人〜

正しいバットの握り方と構え方を覚えると、それだけでもフォームが見違えるし、よけいな筋肉の力みや緊張もとれるので、リラックスしてスイングできるようになる。

### バットを軽くゆすりリラックスして構える

バットの握り方、構え方というのは、スイングの基本となる部分。握り方、構え方が間違っていると、どんなにその後のスイングを正しく行おうとしてもうまくいかない。力まずリラックスして構えることが大切だ。バットをギュッと固く握ってしまうのではなく、柔らかく持ってゆするのがテクニックだ。

握り方

ポイント① 両手をくっつけて握る

右手と左手が離れないように。くっつけてバットを握る

# 第1章 バッティング

## 構え方

**ポイント①　柔らかく持ってバットを軽くゆする**

トップ（構えたときの手の位置）では、バットを柔らかく握り、軽くゆするとリラックスできる

**ポイント②　スタンスは肩幅程度**

スタンスはせますぎず、広すぎず、肩幅くらいにとるとバランスがいい

**ポイント③　左足はまっすぐ前へ**

左足は開いたり閉じたりせず、まっすぐ前へ出す

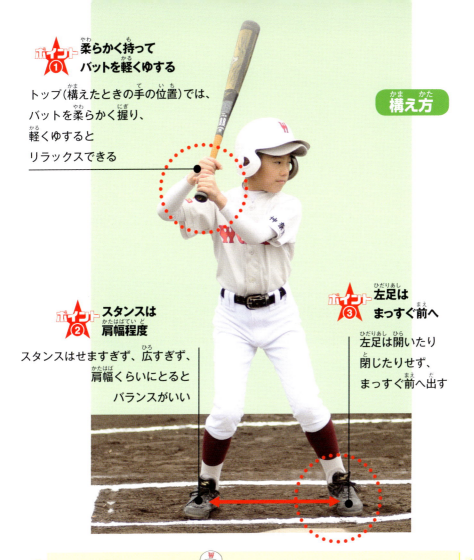

### 監督からのアドバイス

**バットを短く持つとミート率がアップする**

相手ピッチャーのボールが速いときは、バットを短めに持つといいよ。そのうえで、トップをなるべく早く作って準備をいち早くととのえれば、振り遅れることはないし、ミート率も高くなる。

## バッティング
## レベルスイング

# 地面と平行にスイングして
# 確実にボールをとらえる

**プレーレベル** ① ② ③ ④ ⑤　**練習人数** 1人～

飛んでくるボールを、点ではなく線でとらえられるのがレベルスイング。インパクトの幅が広くなるので、打ちそんじにくく、初心者でも簡単にボールをとらえることができるようになる。

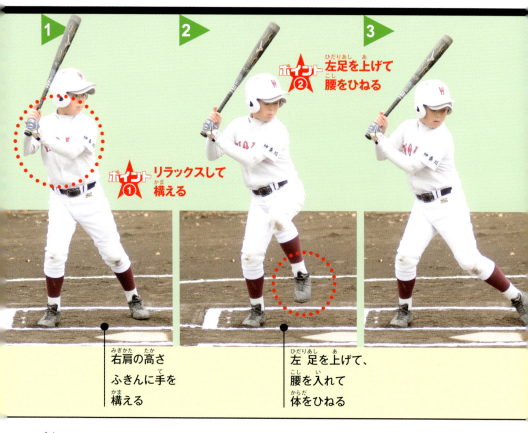

1. 右肩の高さふきんに手を構える
2. 左足を上げて、腰を入れて体をひねる

ポイント① リラックスして構える
ポイント② 左足を上げて腰をひねる

## 構えた手の位置から地面と平行に動かす

バッティングの基本はレベルスイング。上から下へふり下ろしたり、下から上へふり上げたりするのではなく、地面と平行にスイングすること。バットを立てて構えているので、インパクトに向かうスイングはふり下ろしているように見えるけど、手の位置は極端に上下させないのがうまくボールをとらえるテクニックだ。

### 監督からのアドバイス

**ベルトが水平にまわるのを目安にする**

軸回転のスイングは、ベルト（腰）が地面に対して水平にまわるようにするのが目安だよ。コーチに見てもらおう。左右の肩が上下にギッタンバッコンと傾いたりしないように気をつけて。

第1章 バッティング

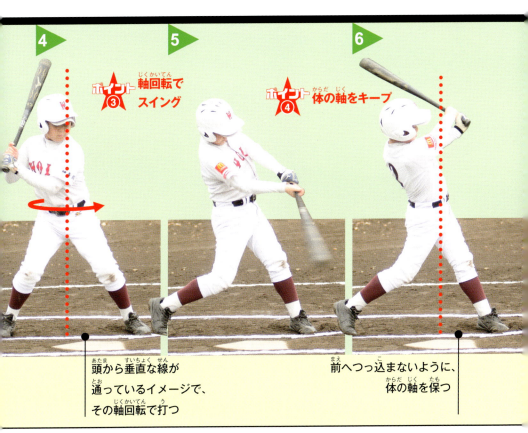

4　5　6

ポイント③ 軸回転でスイング

ポイント④ 体の軸をキープ

頭から垂直な線が通っているイメージで、その軸回転で打つ

前へつっ込まないように、体の軸を保つ

## バッティング
## 体重移動

# 腕力だけにたよらないで
# 全身を使ってスイングしよう

プレーレベル ① ② ③ ④ ⑤  練習人数 1人～

力強いバッティングは、全身を使ってスイングすることで生まれる。バットを腕だけで振る手打ちにならないように注意することだ。そのために意識してほしいのが、「体重移動」だ。

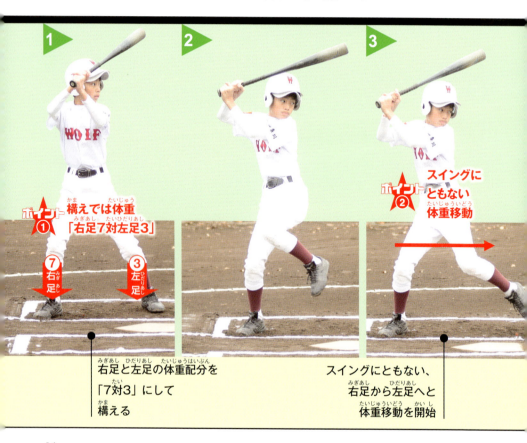

**1** ポイント① 構えでは体重「右足7対左足3」 ⑦右足 ③左足

右足と左足の体重配分を「7対3」にして構える

**2**

**3** ポイント② スイングにともない体重移動

スイングにともない、右足から左足へと体重移動を開始

## 右足から左足へと体重を大きく移しかえる

　体重移動とは、構えでは右足に乗せておいた体重を、スイングにともない、左足へと移しかえるテクニック。左右の足にかける体重の配分がポイントとなる。この体重移動のテクニックがうまく使えるようになると、腕力だけにたよらない全身を使ったダイナミックなスイングが、簡単にできるようになる。

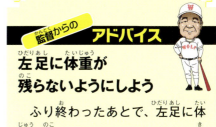

### 監督からのアドバイス
### 左足に体重が残らないようにしよう

　ふり終わったあとで、左足に体重を残したままにしないように気をつけよう。体重を残したままふり終えてしまうと、のけぞった打ち方になり、ホップして貧打になってしまいかねないよ。

NG

第1章 バッティング

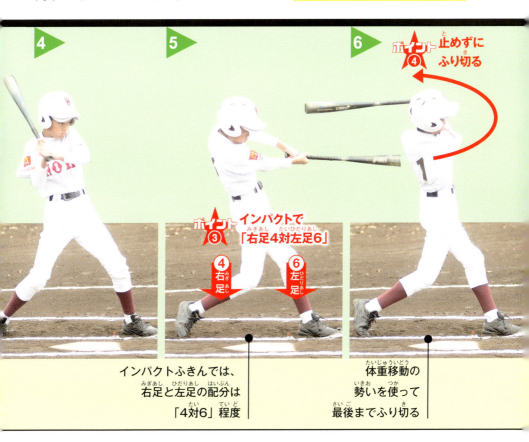

④

⑤ ポイント③ インパクトで「右足4対左足6」
④右足　⑥左足

⑥ ポイント④ 止めずにふり切る

インパクトふきんでは、右足と左足の配分は「4対6」程度

体重移動の勢いを使って最後までふり切る

17

## バッティング

## 「壁」を作る

DVD

# 左サイドの壁を意識すれば スイングバランスがよくなる

**プレーレベル** ① ② ③ ④ ⑤  **練習人数** 1人～

力強いスイングを行うためのテクニックが体重移動。でも極端にやりすぎると、前に突っ込んだり、まわりすぎたりして、体のバランスをくずしてしまう。そこで「壁」を作ることが重要になる。

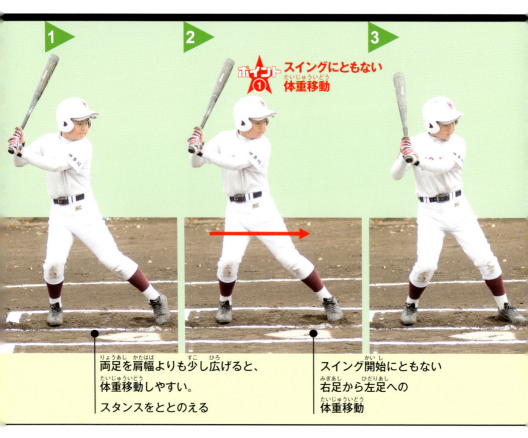

**ポイント①** スイングにともない体重移動

1 両足を肩幅よりも少し広げると、体重移動しやすい。
スタンスをととのえる

2 スイング開始にともない右足から左足への体重移動

## ふみ込んだ左足を グッとふんばる

　アンバランスな姿勢で打つと、スイングは弱々しくなってしまう。意識してほしいのが、左足で作る「壁」。スイングにともないふみ込んだ左足を、開かないようにしてグッとふんばり、体重移動によりフォームが流れてしまうエラーをふせげる。これが、力強くて、バランスもいいスイングを行うためのコツだ。

### 監督からのアドバイス
### 壁を意識すればバットの先端がビュンとまわる

　壁を作ることで、タイミングよくバットの先端がまわるよ。その反面、壁がないと、打ち急いだり、ふり遅れたりするし、何よりアウトコースのボールに届かないから気をつけよう。

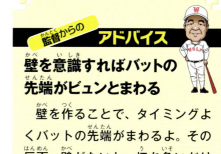

NG

第①章 バッティング

**4 ポイント② グッとふんばる**
ふみ込んだ左足でグッとふんばる

**5 ポイント③ 左足で壁を作る**
左足を開かないようにして「壁」を作る

**6 ポイント④ 体の左側を開かない**
左つま先、左肩を開かないようにふり終える

**バッティング**

## 右ひじを押し込む

# 右ひじを押し込むことで
# バットの先端がビュンと走る

プレーレベル 1 2 3 4 5　練習人数 1人～

打球に力強さを与えるための、とっておきのテクニックを伝授する。それが、ここで紹介する「右ひじを押し込む」こと。インパクトの瞬間に力を伝えやすくなり、長打・強打が出やすくなる。

ポイント①　右ひじを曲げて構える

ポイント②　右ひじを近づける

構えでは、腕を伸ばしすぎないようにし、右ひじを曲げておく

スイングにともない、右ひじを引きよせるようにして、体に近づける

## インパクトの瞬間に押してスイングにメリハリをつける

　構えでは、曲げておいた右ひじを、インパクトの瞬間に伸ばして、前へ押し込むようにする。すると、バットの先端が勢いよく走って、打球にエネルギーを伝えやすくなる。腕を曲げたまま、あるいは伸ばしたままのバッティングだと、スイングにメリハリがなく、非力になってしまうので注意しよう。

### 監督からのアドバイス
### 右ひじをなるべく体の近くで動かすといいよ

　右ひじの位置が、体から遠いと、押し込めず、スイングが外回りになってしまうよ。力が入らなくなる原因。右のわきをしっかりと閉めて、右ひじは体の近くで動かすようにするのがコツだよ。

NG

第1章 バッティング

**ポイント③ インパクトで右ひじを押し込む**

インパクトの瞬間に、右ひじを伸ばして押し込む

**ポイント④ エネルギーをボールに伝える**

押し込んだ勢いがボールに伝わり、強い打球になる

21

## バッティング
### 高いボール

## 上から下のダウンスイングで地面に向かってたたきつける

プレーレベル 1 2 3 4 5　　練習人数 1人～

ボールの高さによっては、基本のレベルスイングとは違うテクニックを用いることが必要。高いボールに対しては、上から下へたたきつけるダウンスイングが有効になる。

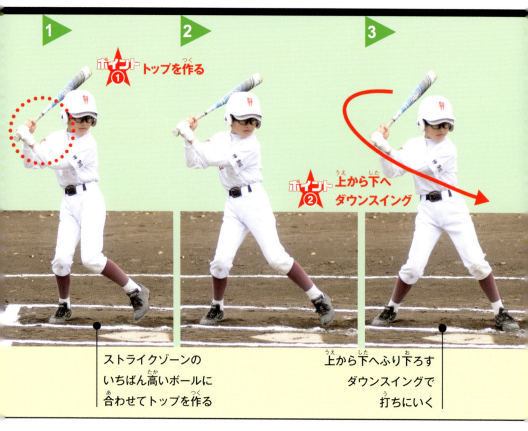

1 ポイント① トップを作る
ストライクゾーンのいちばん高いボールに合わせてトップを作る

2

3 ポイント② 上から下へダウンスイング
上から下へふり下ろすダウンスイングで打ちにいく

## ストライクゾーンの高さに合わせてトップを作る

相手ピッチャーの高い投球に対してレベルスイングで打ちにいくと、ボールの勢いに押されて凡フライになりかねない。ストライクゾーンのいちばん高い位置に合わせてトップを作り、そこからインパクトに向かってたたきつけよう。なお投球がトップの位置より高ければボール球になるので見逃すようにしよう。

### 監督からのアドバイス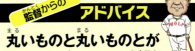

**丸いものと丸いものとがぶつかり合うことを確認**

写真を見るとわかるように、丸いもの（バット）と丸いもの（ボール）とがぶつかり合うので、レベルスイングで打ちにいくと、ボールの下をこすって、フライになるので気をつけよう。

第1章 バッティング

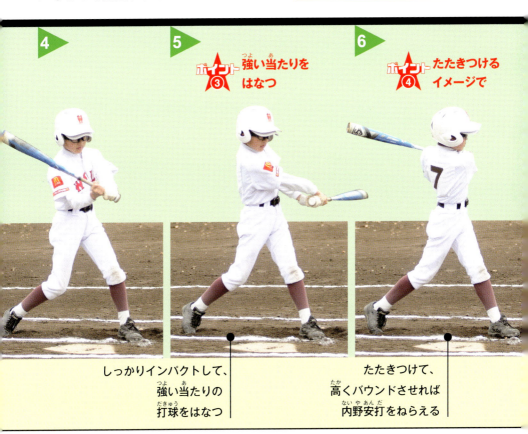

4

5　**ポイント③ 強い当たりをはなつ**

しっかりインパクトして、強い当たりの打球をはなつ

6　**ポイント④ たたきつけるイメージで**

たたきつけて、高くバウンドさせれば内野安打をねらえる

## バッティング
# 低いボール

## ひざを曲げて、低い姿勢からアッパースイングでインパクト

**プレーレベル** ① ② ③ ④ ⑤ **練習人数** 1人〜

相手ピッチャーの低いボールに対しては、高いボールとは反対に、下から上へアッパー気味のスイングをするようにしよう。うまくインパクトすれば、長打をねらえる可能性も十分ある。

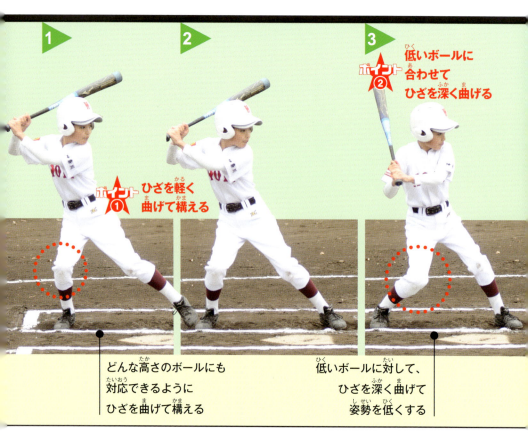

1 **ポイント①** ひざを軽く曲げて構える

3 **ポイント②** 低いボールに合わせてひざを深く曲げる

どんな高さのボールにも対応できるようにひざを曲げて構える

低いボールに対して、ひざを深く曲げて姿勢を低くする

# ひざを深く曲げて下半身でスイングする

相手ピッチャーの低いボールに対するアッパースイングのポイントは、ひざをしっかりと深く曲げて、低い姿勢を作ること。下半身ごとインパクトに向かって持ち上げるようにしよう。これを意識すると右足から左足への体重移動が自然とでき、低いボールに対しても全身を使ったスイングができるようになる。

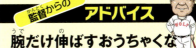

## 監督からのアドバイス

### 腕だけ伸ばすおうちゃくなスイングはNG

相手ピッチャーの低いボールに対して、ひざを曲げないで、腕だけ伸ばして打ちにいくのはNGだよ。ボールから目が離れてしまうし、腰高で打つスイングになり、手打ちになってしまうよ。

NG

第1章 バッティング

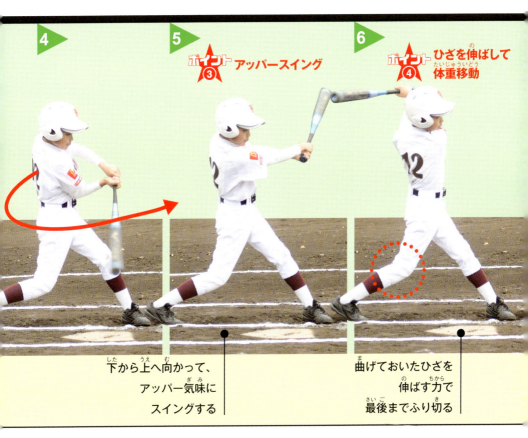

4

5 ポイント3 アッパースイング
下から上へ向かって、アッパー気味にスイングする

6 ポイント4 ひざを伸ばして体重移動
曲げておいたひざを伸ばす力で最後までふり切る

バッティング

# インコース

## 体の前でインパクトすればのびのびスイングできる

プレーレベル 1 2 3 4 5　練習人数 1人～

体に近いインコースのボールを苦手としているバッターは少なくないはず。ひじを折りたたんで、きゅうくつな打ち方を強いられるというのがその原因だ。対策を教えよう。

ポイント① 垂直の軸を意識する
頭から垂直の線をイメージし、軸を意識する

ポイント② スイングの原動力は軸回転
体の軸回転でスイングを行う

## 体に近いボールは軸回転でさばく

体に近いインコースのボールに対しては、ひじが曲がって手打ちになり、凡打になってしまいがちだ。インコースをうまく打つテクニックは、レベルスイングで打つこと（P.14参照）。なおかつ、インパクトの位置を、まん中のコースよりも前にすれば、腕がきゅうくつにはならずに、のびのびとふり切れるようになる。

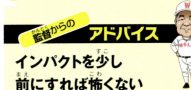

### 監督からのアドバイス

### インパクトを少し前にすれば怖くない

インコースは体に近いところに飛んでくるので、怖い気持ちもあるかもしれない。だけど、少しインパクトを前にすればボールと体との距離が遠くなるから、恐怖心もうすらぐよ。

第1章 バッティング

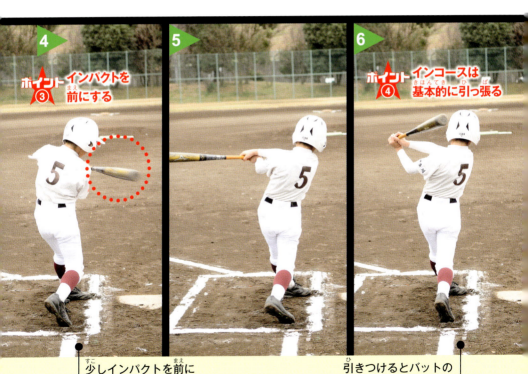

**ポイント③ インパクトを前にする**

少しインパクトを前に（タイミングを早く）してボールをとらえる

**ポイント④ インコースは基本的に引っ張る**

引きつけるとバットの根っこに当たるので、基本は引っ張る

## バッティング
## アウトコース

# インパクトを引きつけて センターより右側ねらい

**プレーレベル** 1 2 ③ ④ ⑤　**練習人数** 1人〜

アウトコースは体から遠いボールを打つために、バランスをくずして泳がされるようなスイングになりがち。しかし、インパクトの位置と飛ばす方向を工夫すると、強い打球を飛ばせるようになる。

**1**　ポイント① 垂直の軸をたもつ

アウトコースに飛んできたからといって、前かがみにならない

**2**

**3**　ポイント② インパクトを引きつける

ボールを引きつけて、打球タイミングを少し遅らせる

## 引きつけたうえで強く右ひじで押し込む

アウトコースを打つ場合は、インコースを打つのとは逆に、まん中のコースよりもインパクトを引きつけるのがテクニック。センターよりも右側へ飛ばす意識でスイングするとうまく打てる。インパクトの瞬間には右ひじを伸ばして、しっかりと強く押し込むようにするのも強打するためのポイントだ（P.20参照）。

### 監督からのアドバイス

**アウトコースは無理して引っ張らないこと**

体から遠くへ投げられたアウトコースのボールをレフト方向へ引っ張ろうとすると、バットが届かないので注意しよう。無理に届かせようとすると空ぶりするので気をつけること。

NG

第①章 バッティング

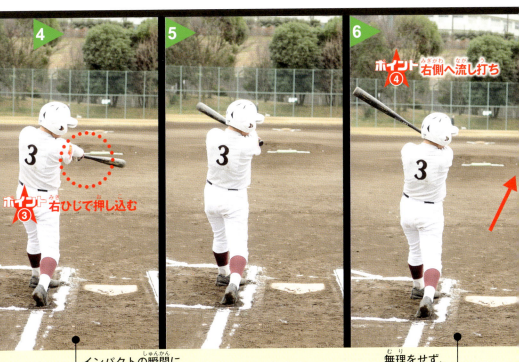

**ポイント③ 右ひじで押し込む**

インパクトの瞬間に右ひじを伸ばして、強く押し込もう

**ポイント④ 右側へ流し打ち**

無理をせず、センターよりも右に飛ばす流し打ちをしよう

## バッティング
## バント

# バントをうまく打つコツは
# 右手・左手・目線を一定にする

プレーレベル **1 2 3 4 5**　練習人数 **2人〜**

バントが正確にできるようになると、味方のランナーの進塁を助けることができる。バットをふらないバントは、打ちそんじにくいのが特徴。身につければチームとしての攻撃力が格段にアップする。

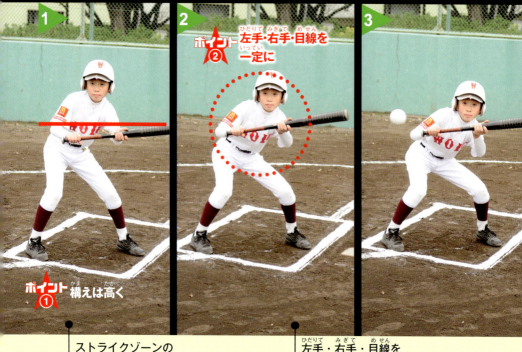

**ポイント①** 構えは高く

ストライクゾーンの
いちばん高い位置に
バットを構える

**ポイント② 左手・右手・目線を一定に**

左手・右手・目線を
一定にして、
上半身の形を安定させる

## 上半身の形を変えずにひざを曲げて高さ調節

バントは、腕の操作でバットをコントロールすると失敗してしまう。右手・左手・目線を一定にし、上半身の形は変えないようにするのがテクニック。ボールの高さに応じてひざを曲げて、正確にインパクトしよう。低いボールだからといって腕だけ伸ばして当てにくいと、目とバットが離れてしまうから気をつけよう。

### 監督からのアドバイス
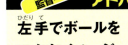

**左手でボールをつかむイメージ**

バントは、利き手（写真は左利きの場合）でボールをつかむイメージをしよう。実際には、手よりもバットの先端側でボールをとらえるけど、キャッチする感覚でチャレンジするとうまくいくよ。

第①章 バッティング

---

**4**

ポイント③ 低いボールにはひざを曲げて対応

低いボールに対しては、ひざを曲げて高さを調節

**5**

ポイント④ ボールをよく見て正確に当てる

**6**

ボールを最後までよく見て、正確に当てる

## バッティング
## セーフティバント

# 自分も出塁することができる とてもお得なバント戦術

| プレーレベル | ① ② ③ ④ ⑤ | 練習人数 | 2人～ |

セーフティバントは、バッターである自分が出塁するのが目的で行うバント。足が速い選手だったり、1塁ベースに近い左バッターが仕かけると効果的だ。身につければ、相手守備陣をかく乱できる。

**1** ポイント① 通常の位置で構える

セーフティバントと気づかれないように、通常の位置で構える

**2**

**3** ポイント② 1歩前進してポジションを前に

相手ピッチャーが投げたら、スッと1歩前進する

## 相手ピッチャーが投げたら1歩前進して広角に打つ

セーフティバントを成功させるポイントは、インパクトの瞬間に右手でバットを押すようにして、打球にやや勢いをつけるようにすることだ。その際、相手のピッチャーが投げたら、1歩前進するのがテクニック。前に出るぶん左右へ角度をつけやすくなり、広く打ちわけるコントロールができる。

### 監督からのアドバイス

**当てることが先決。先走ってしまわないように**

走るほうに気がいってしまうと、バントがおろそかになるよ。走りながら打とうとして、バントする前に足がバッターボックスから出るとアウト。あわてずしっかり当ててからスタートすること。

NG

ポイント③ 右手で押す

ポイント④ 広角に打ちわける

インパクトの瞬間に右手でバットを押し、打球に勢いをつける

インコースはサード側、アウトコースはファースト側へ転がすのが基本

## コラム

## 長打力が確実に身につく マスコットバットとサンドボール

　富士見台ウルフでは、バッティングを強化するトレーニングとして、マスコットバットを使ってサンドボールを打つ練習をしている。マスコットバットとは、練習用の重いバットで800〜1000グラム程度。サンドボールも300グラムほどある。通常使うバットやボールに比べると、はるかに重い。

　写真のようにコーチが近くから手でトスしたボールを、バッターが打つ。これらを使って練習すると、自然と力強い筋力とフォームが形成される。次に普通のバットとボールを使って打てば、軽いスイングでも楽々長打を飛ばせるようになるはずだ。

　もうひとつ、バドミントンの羽根を使った練習を紹介。同様にコーチが近くからトスした羽根を、今度は普通の重さのバットで打つ。これはミート率を上げるのがねらい。小さくて、ボールのようにまっすぐではなく不規則な飛び方をする羽根を、バットの芯でとらえるには、目を離さず最後まで見続けなければならない。これにより高い集中力が発揮されるようになる。

# 第2章

**Pitching**

# ピッチング

下半身を使った体重移動による剛速球の投げ方を紹介。ランナーを背負ったときのセットポジションやけん制についても学ぼう。

ピッチング

# ボールの握り方 構え方

## 縫い目に指をかけて握る
## 姿勢は1本の軸をイメージ

プレーレベル ① ② ③ ④ ⑤　練習人数 2人〜

ボールの握り方で、投球のスピードもコースの精度も、違ったものになる。また姿勢が乱れると腕の振り方も乱れて、ボールコントロールも悪くなってしまう。コントロールが正確になる構え方を習得しよう。

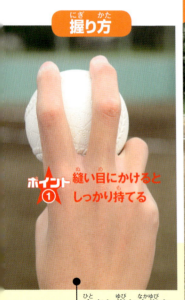

**握り方**

ポイント① 縫い目にかけるとしっかり持てる

人さし指と中指を縫い目にかけてボールを握る

1

ポイント① 軸を意識して背すじを伸ばす

垂直の軸をイメージし、背すじを伸ばして自然体で立つ

2

## 人さし指と中指は指1本分開けると力まない

人さし指と中指を立てて、ボールの縫い目にかけよう。その2本の指の間を、指1本分開けるようにするのが、力まないためのコツ。セットポジションでは背すじを伸ばし、頭から背骨にかけて1本の芯が通った軸を意識するとよい。目はキャッチャーミットに向けて視線を定め、投球のイメージを作るようにする。

### 監督からのアドバイス

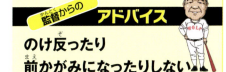

**のけ反ったり前かがみになったりしない**

構えの姿勢で、のけ反ったり、前かがみになったりすると、筋肉が体のバランスを支えようとして気づかないうちにカチカチになってしまいやすい。これが力む原因になるんだよ。

NG

第②章 ピッチング

---

**3**

ポイント② 視線はキャッチャーミットへ

視線をキャッチャーミットに向けて、投球目標を定める

**4**

ポイント③ 投球イメージを作る

投げるボールのスピードやコースを考え、ピッチングのイメージを作る

**5**

ポイント④ イメージができたら、迷いなく投げるだけ

投げる前の準備段階で、ピッチングの内容は決まる

## ピッチング
# 腕の振り方

## ひじをしっかり高く保てば 球威あるボールが投げられる

プレーレベル ① ② ③ ④ ⑤　練習人数 2人〜

腕の振り方は、ひじが下がってしまわないように注意。それでは押し出すような投げ方になってしまう。ひじを高く保つことが大切だ。それを意識するだけでも、今まで以上に球威のあるボールになる。

**ポイント①** リラックスしてバックスイングへ

力まず、リラックスしてバックスイングの姿勢に入っていく

**ポイント②** ひじを高く保つ

バックスイングで投げる体勢に入ったら、肩の高さにひじを保つ

## ひじが肩の高さよりも下がらないように意識する

腕の振り方は、バックスイングから投げる体勢に入ったら、右ひじを高く保つのがポイント。ひじが下がると押し出すような投げ方になり、球威が出なくなってしまう。目安としては、肩の高さよりも下がらないように意識するとよい。腕が勢いよく振れて、ダイナミックなピッチングができるようになる。

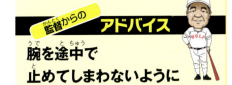

### 監督からのアドバイス
### 腕を途中で止めてしまわないように

うまくコントロールしようとしすぎると、右手を振り切れなくなって、途中で腕を止めてしまいがちになるので注意しよう。最後まで腕を振り切ることが、スピードを出すうえで大事だよ。

第②章 ピッチング

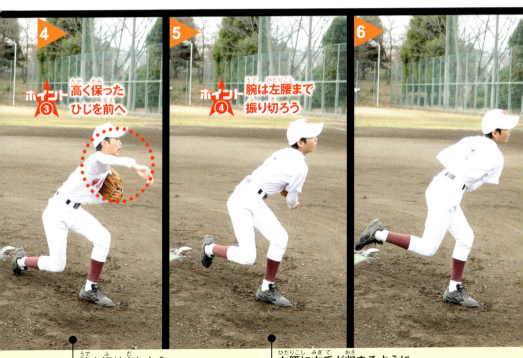

**ポイント3** 高く保ったひじを前へ

**ポイント4** 腕は左腰まで振り切ろう

腕を振り出したら、ひじをしっかりと前へ出す

左腰に右手が収まるように、腕は最後まで振り切る

## ピッチング
# 体重移動

DVD

# 下半身のパワーを効果的に上半身へ伝えるテクニック

プレーレベル ① ② ③ ④ ⑤　練習人数 2人～

ボールは、腕だけで投げるものではない。全身を使って投げることが、力強いピッチングを行うためには大切になる。そのために最も重要視されるテクニック「体重移動」について紹介しよう。

ポイント① プレートに足をかける

ポイント② 右足でふんばり力を生み出す

プレートをける位置は、1塁側や3塁側を使う選手もいるが基本はまん中

しっかりとけれるように、プレートに右足をかけて始動

## プレートを右足でければ
## ふんばりがきく

　体重移動とは、ピッチングの動きにともない、右足から左足へと体重を移しかえる動作のこと。ただし、ただ移しかえるだけではない。右足でしっかりとプレートをけるというのが大切なポイント。そうすることで、ふんばりがきき、下半身の力を効果的に上半身からボールへと伝えられるようになるからだ。

### 監督からのアドバイス
### 投げ終わったらすぐに守備に備える

　打たれることも考えておこう。投げ終えた時点で右足が左足の前に出ると、次のプレーに備えられなくなる。けった右足は、体の右側に着地させ、投げ終わったら守備に備えよう。

NG

第②章 ピッチング

**ポイント③** プレートをけって体重移動

プレートを右足でけって、左足へと大きく体重移動

**ポイント④** 左足に体重を乗せかえる

左足に体重を乗せかえると、ボールのスピードがアップする

## ピッチング
# リリース

# 2点を意識するだけで<br>リリースはスムーズになる

**プレーレベル** ① ② ③ ④ ⑤　　**練習人数** 2人～

リリースとは、ボールを手ばなす瞬間のこと。リリースがうまくいかないと、コントロールが定まらず、暴投になったりする。顔の前で手ばなすのがコツ。スムーズにリリースできるようになる。

**ポイント①** 縫い目に指をかけてボールを握る

**ポイント② 右ひじを高く**

指をボールの縫い目にかける

バックスイングで右ひじを肩の高さに

## ボールの縫い目に指をかけ顔の前で手ばなす

リリースをうまく行うためには、人さし指と中指をボールの縫い目にかける正しい持ち方をすることがまず大切（P.36）。また、手ばなす位置を、顔の前にしよう。目で見えない顔の後ろで手ばなすのが、指にボールがからまってしまう原因。この2点を注意するだけでリリースは驚くほどスムーズになるはずだ。

### 監督からのアドバイス

**バックスピンの回転をかけるイメージ**

リリースする瞬間に、指（手首）でボールを押してあげるようにすると、バックスピンの回転がかかって、バッターの手元でボールが伸びる、あたかもホップするようなボールになるよ。

第②章 ピッチング

**ポイント③ 顔の前でリリース**

**ポイント④ 前から見てひじから先は垂直**

顔の前でリリース位置を確認すると、スムーズに手ばなせる

前から見ると、ひじから先が、地面と垂直になるようにリリースする

## ピッチング
# コントロール

## 全体のフォームは変えずに左右上下に投げわける

**プレーレベル** 1 2 3 4 5　　**練習人数** 2人〜

腕の振り方を変えてコースを投げわけるのはNG。フォームが乱れて、コントロールが定まりにくくなる。左足をふみ込む方向によって、インコースとアウトコースを投げわけるのがテクニックだ。

**1** ポイント① いつも同じフォームで構える

**2**

**3** ポイント② 左足をふみ込む方向で左右にコントロール

コースを投げわけるといっても、全体のフォームは変えない

コースは、左足をふみ込む方向でコントロールする

## 手ばなすタイミングによって高さを自在にコントロール

投げたいコースに向かって左足をふみ出すようにすると、全体のフォームを変えることなく、同じ投げ方で左右にコントロールできるようになる。また高低は、ボールを手ばなすタイミングにより配球できるようにする。まん中に投げるよりも、少し早く手ばなせば高めに、遅く手ばなせば低めに、自然と配球される。

### 監督からのアドバイス

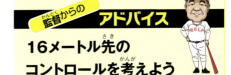

**16メートル先のコントロールを考えよう**

コースを投げわける左足のふみ込みを、おおげさに変えすぎると暴投の原因になるよ。足元ではほんの少しの違いでも、16メートル先のホームベース上ではずいぶん広がるのだから。

NG

第2章 ピッチング

4

5

ポイント③ ボールを手ばなすタイミングで高低を投げわける

高低のコントロールは、ボールを手ばなすタイミングで調整

6

ポイント④ 同じフォームで自在にピッチングできる

フォームをあからさまに変えないから、相手バッターにも見破られない

## ピッチング
## セットポジション

DVD

# 相手チームのランナーに盗塁させないテクニック

**プレーレベル** １ ２ ３ ４ ５　　**練習人数** ２人〜

セットポジションからのピッチングがうまくできるようになると、相手のランナーに盗塁されてしまう心配がない。左足を、高く上げるのではなく、前へふみ出すことを意識するのがポイント！

**1** ポイント① 1塁にランナーを背負ったシチュエーション

相手ランナーが出塁している状況でのピッチングテクニック

**2** ポイント② 力強さよりも、バランスを重視

**3** 腕を振りかぶらずに、コンパクトなフォームでバランスよく投げる

## 手足の動きを小さくしてクイック投球をしよう

セットポジションは、相手のランナーに盗塁されないようにコンパクトなフォームでバランスよく投げるテクニックだ。腕を大きく振りかぶって、足を大きく上げると、相手ランナーに走られてしまう。腕は振りかぶらずに、足は上げるというよりも、前へふみ込むようにするクイック投球を心がけるようにしよう。

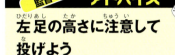

### 監督からのアドバイス
### 左足の高さに注意して投げよう

左足を高く上げてしまうと、投げるのに時間がかかり、簡単に相手ランナーに走られてしまうから要注意。逆にいうと、左足をできるだけ低い位置で動かすようにすれば、走られにくくなる。

NG

第②章 ピッチング

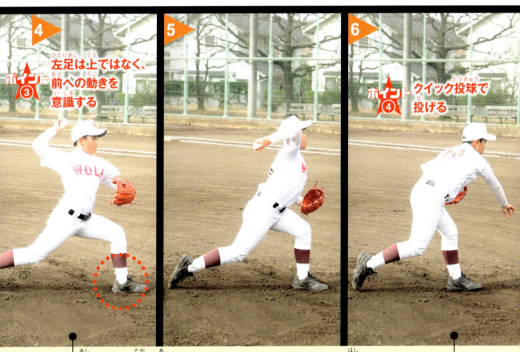

**4** 左足は上ではなく、前への動きを意識する

**5**

**6** クイック投球で投げる

足もあまり高く上げずに、前へしっかりふみ込むことが大切

ランナーに走られないように、素早い動作のクイック投球を心がける

## ピッチング
## けん制

DVD

# ランナーのリズムを確認
# 動きの逆をつくようにしよう

**プレーレベル** ① ② ③ ④ ⑤　　**練習人数** 3人～

けん制は、アウトにできなくても構わない。刺そう刺そうとしすぎると、暴投になってしまうこともある。刺そうと思わないで、相手ランナーが盗塁するスタートを遅らせる目的でけん制球を投げよう。

**ポイント①** 刺そうとしすぎない

刺すことに気がいきすぎると、バッターへの投球がおろそかになりがち

**ポイント②** ランナーのリズムを確認する

ランナーの動くリズムを肩ごしに確認しよう

## 盗塁を警戒している雰囲気を伝える

けん制は、相手ランナーの動くリズムを確認して投げることがポイントだ。ランナーが、右足に体重を乗せたタイミングで投げると、動きの逆をつけるので、効果的なけん制球になる。とはいっても、実際にはアウトにできなくても構わない。盗塁を警戒している雰囲気を伝えることが大切だ。

### 監督からのアドバイス
### けん制のルール違反には注意しよう

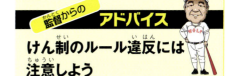

ふみ込む足は、投げる塁をまっすぐ向いていないとダメ。3塁への偽投も禁止（写真。ただしプレートを外せば何をしてもOK）。また、不注意で落球してもボークを取られるので気をつけよう。

NG

第②章 ピッチング

**ポイント③** 動きの逆をつく

ランナーの動きの逆をついてけん制球を投げる

**ポイント④** 刺せなくても警戒している雰囲気を伝える

警戒している雰囲気が伝われば、盗塁させにくくさせる効果が生まれる

## コラム

## 「マエケン体操」を取り入れて フォームをダイナミックにしよう

　広島東洋カープをへてロサンゼルス・ドジャースへと移籍した前田健太投手。通称「マエケン」。彼が、投げる前に必ず行う体操がある。それが、ここで紹介する「マエケン体操」と呼ばれるもの。

　ひじを曲げて手首をブラブラにし、左右の腕を交互にまわす。これにより肩がほぐれ、筋肉を温かくするウォーミングアップになるし、関節が動く範囲が大きくなって、ダイナミックなフォームで投げられるようになる。ストレッチ効果があるので、ケガの予防にも役立てられる。

　このマエケン体操、ただ腕をまわすのではなく、つけ根の肩甲骨から動かすというのがポイント。両足は肩幅よりも広めに開き、やや中腰の姿勢を安定させた状態で10〜20回ほどグルグルまわそう。ヒジでできるだけ大きな円を描くように行うと効果的だ。

　肩こりの解消にもとてもよいと言われているので、お父さんやお母さんにも教えてあげると、よろこばれるかもしれないね。

# 第3章

## Catcher
# キャッチャー

正確な捕球の仕方や、難しいショートバウンドの捕り方、強肩の見せ場となるセカンドへの送球などについてレクチャーする。

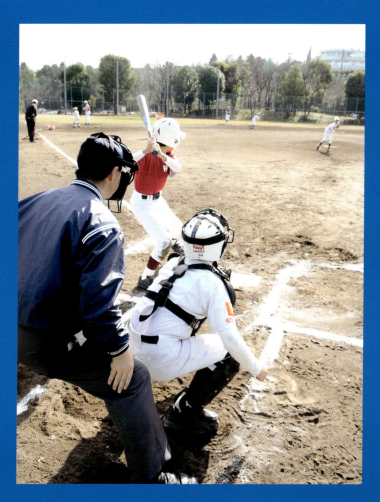

# キャッチャー

## 構え方 捕球の基本

# 片方の足を前に出して
# 右手は体の右側にそえる

プレーレベル ① ② ③ ④ ⑤　練習人数 2人〜

キャッチャーが正しく構えていれば、ピッチャーは投げやすくなる。そればかりか、自分も捕球しやすくなって、疲れにくくなるし、ケガもしにくくなる。正しい構え方をマスターしよう。

### 構え方

**ポイント①** 左わきを閉めて構える

**ポイント②** 片足を前にして座る

ミットを構える左ひじが上がってしまわないように、左わきを閉める

片足を前にして構える。右手は突き指しないように体の右側にそえる

# 快音をひびかせてピッチャーを盛り立てよう

両足を平行にそろえて座るのではなく、片足を少し前に出して構えるようにしよう。また右手は突き指してケガをしてしまわないように、体の右側にそえるようにする。捕球は、ミットの芯で捕ることが大切だ。快音をひびかせて、ピッチャーの調子を盛り立てるのもキャッチャーの大切な仕事になる。

## 監督からのアドバイス

### 相手ランナーがいなければひざをついてもよい

相手チームのランナーがいないときは、片ひざを地面についても構わない。ランナーがいるときは、片ひざを地面につかないで、つま先立ちで構えると盗塁されても素早く送球できるよう。

第3章 キャッチャー

---

**1**

ミットの芯でボールを捕り、パーンといい音をならそう。

**2** ポイント3 ミットの芯で捕る

**3** ポイント4 ミットを閉じて落球をふせぐ

ボールをこぼしてしまわないように、しっかりとミットを閉じる

53

## キャッチャー
# ショートバウンド

## 両ひざを地面について上半身でブロックしよう

プレーレベル 1 2 3 4 5　練習人数 2人〜

ショートバウンドは、体を張って止めるようにする。後ろにボールをそらすと、相手ランナーがいる場合は、進塁を許してしまいかねない。確実に体の前でブロックするテクニックを紹介する。

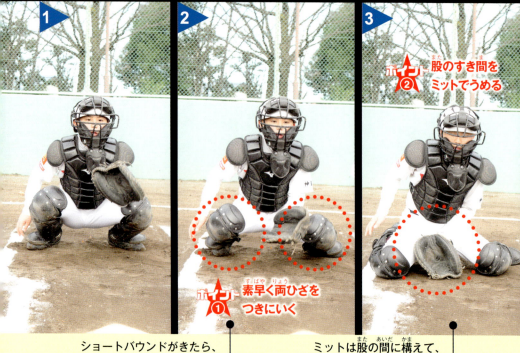

**ポイント①** 素早く両ひざをつきにいく

**ポイント②** 股のすき間をミットでうめる

1. 
2. ショートバウンドがきたら、地面に両ひざをつきにいく
3. ミットは股の間に構えて、ボールが股からすり抜けるのを防ぐ

## 捕れなくてもいいので確実に体の前に落とす

ピッチャーからショートバウンドがきたら、両ひざを地面について、上半身でボールをブロックしよう。上半身をボールに対して正面向きにし、少し前傾して、自分の前に落とすようにする。怖いからといって横を向いたり、のけ反ったりすると、ブロックしてもボールを後ろへそらしてしまいかねない。

### 監督からのアドバイス

**怖くても体は横に向けないこと**

ショートバウンドが怖いからといって、横を向いてしまうのはNG。せっかく体に当てても、ボールを後ろにそらしてしまうよ。ランナーがいたら進塁されてしまうので気をつけて。

第3章 キャッチャー

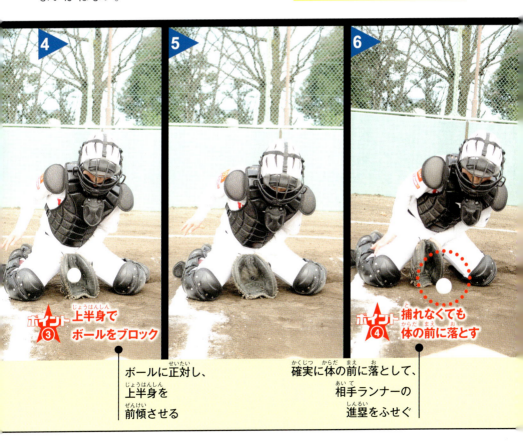

**ポイント③ 上半身でボールをブロック**

ボールに正対し、上半身を前傾させる

**ポイント④ 捕れなくても体の前に落とす**

確実に体の前に落として、相手ランナーの進塁をふせぐ

## キャッチャー
## セカンドへの送球

# 右足で小さくステップし
# 左足を投げる方向へふみ込む

**プレーレベル** ① ② ③ ④ ⑤　　**練習人数** 3人〜

セカンドへの送球は、キャッチャーの肩の見せどころ。相手の1塁ランナーを刺せれば、ピッチャーの負担を少なくすることができる。下半身のステップとふみ込みを使えば強肩キャッチャーになれる。

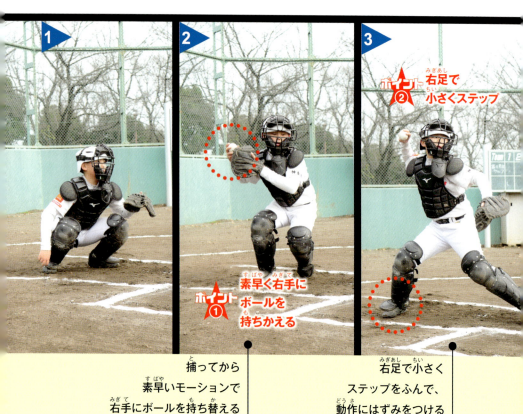

**ポイント①** 素早く右手にボールを持ちかえる

**ポイント②** 右足で小さくステップ

捕ってから素早いモーションで右手にボールを持ち替える

右足で小さくステップをふんで、動作にはずみをつける

## 腕を大きく振ると遅れる。下半身で投げよう

セカンドへの送球は、肩だけが重要なのではない。むしろ下半身の動きにより、強肩な印象を与えることができる。右足で小さくステップし、左足をセカンド方向へふみ込むようにして投げよう。腕を大きく振ってしまうのは、送球が遅れる原因。その点でも、下半身で投げる意識が大切だ。

### 監督からのアドバイス

## ねらいはセカンドベースの右側

セカンドへ送球するコントロールのねらいは、ベースの右側で、なおかつ低いところが効果的だよ。味方の野手が捕球すれば、最速で相手のランナーにタッチすることができるからだよ。

**第3章 キャッチャー**

**4** ポイント③ 左足をふみ込んで体重移動

**5** ポイント④ 腕の振りは小さく、ふみ込みは大きく

**6**

● 左足をセカンド方向へふみ込んで、体重移動の力を使う

● 腕の振りはコンパクト、足のふみ込みは大きくするのがコツ

## キャッチャー
## キャッチャーフライ

**DVD**

# ボールから目線を切らなければ捕れる確率がアップする

**プレーレベル** ① ② ③ ④ ⑤　**練習人数** 2人〜

相手バッターが当てそこなうと、キャッチャーフライになる。当てそこないのボールは回転が強くかかり、捕りにくい。右手でしっかりとふたをする基本を、あらためて確認しよう。

**1** ポイント① フライの方向を確認

**2** ポイント② 瞬時にマスクをとる

**3**

フライの方向は、ピッチャーの「声かけ」や「指さし」も参考に

フライを確認したら、じゃまにならないように瞬時にマスクをとる

## ピッチャーからの声かけなども参考に

　特に軟式野球におけるキャッチャーフライは、ボールが変形もしたりするので、キャッチャーにとってはやっかいだ。ピッチャーからの「キャッチャー！」などの声かけを参考にし、キャッチャーフライを確認したらボールから目を離さないようにしよう。目線を切らないでいると、捕れる確率がアップする。

### 監督からのアドバイス

**マスクをとる練習もしておこう**

　マスクをしたままだと、ボールを見にくいし、走る振動によって揺さぶられたりするから、捕球動作のじゃまになるよ。瞬時にマスクをとれるようになる練習も日ごろからしておこう。

第3章 キャッチャー

---

**4**

ポイント③ ボールを目で追い続ける

ボールから目線を切らないでいると、捕れる確率がアップ

**5**

**6**

ポイント④ 右手でふたをしてキャッチ

ボールは回転しているので、右手でしっかりふたをする

## キャッチャー
# リード

## ピッチャーに配球を指示するのもキャッチャーの役目

プレーレベル 1 2 3 4 5　練習人数 2人～

味方のピッチャーへ配球のサインを出すときに、相手チームに見破られないように注意しよう。相手チームにはサインを隠しながら、味方のピッチャーにははっきりと示せるサインの出し方を紹介する。

1= 速いボール

人さし指を1本を立てて、ピッチャーに速いボールを要求

2= ゆるいボール

人さし指と中指の2本を立てて、ピッチャーにゆるいボールを要求

# 左手で3塁側
# 右足で1塁側をかくす

相手バッターの癖や、相手ランナーの出塁状況などにより、ピッチャーの配球を指示するのもキャッチャーの重要な役目だ。事前にサインを決めておき、相手チームに見破られないリードを心がけよう。左手で3塁側、右ひざで1塁側からの相手チームの選手の視線をさえぎるようにするのがテクニックだ。

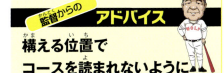

## 監督からのアドバイス

### 構える位置でコースを読まれないように

最初からインコースよりや、アウトコースよりに構えてしまうと、相手にコースを読まれてしまうよ。最初はまん中に構えておき、ピッチャーが投げると同時にミットを動かして捕球しよう。

第3章 キャッチャー

親指を立てる＝ **インコース**

親指を立てて、ピッチャーにインコースを要求

小指を立てる＝ **アウトコース**

小指を立てて、ピッチャーにアウトコースを要求

※ここで示しているサインは、一例です。

### キャッチャー
# 本塁でのクロスプレー

## 両手でしっかりボールを持ちランナーにタッチしよう

**プレーレベル** ① ② ③ ④ ⑤　　**練習人数** 3人〜

相手の3塁ランナーがホームへ進入してきたときの本塁の守り方。タッチをかいくぐるランナーを確実にアウトにしよう。そのためには野手が投げやすいように、キャッチャーが送球目標を定めてあげよう。

**ポイント①** ホームの正面、やや1塁よりに立つ

相手ランナーの走行ラインをさまたげない位置に立つ

**ポイント②** 野手が投げやすい捕球姿勢で待つ

野手が投げやすいように、前傾姿勢で、ミットを前にして構える

## 野手が投げやすいように ミットを構える

　野手がキャッチャーに向かって投げやすいように、ミットを前に出して大きく構えよう。キャッチボールで投球目標を定めてあげるイメージだ。ボールを受けたら、進入してきたランナーに対してタッチしにいくけど、落球しないようにしっかりと両手でボールを持っておくことが大切なポイントになる。

### 監督からのアドバイス

**コリジョンルールに触れないように**

　ランナーの走行ラインに入ると、コリジョンルールという規則に触れてしまう。本塁前をさえぎるのはNG。違反を犯すと相手ランナーにセーフが与えられ、得点を許してしまうから注意しよう。

NG

第3章 キャッチャー

**ポイント③ 右手でふたをして落球防止**

ボールを受けたら
右手でミットにふたをして
落球を防ぐ

**ポイント④ 両手でタッチしにいく**

タイミングはアウトでも
落球したら意味がない。
必ず両手でタッチする

## コラム

# キャッチャーはチームの司令塔。その自覚をしっかり持とう!

　キャッチャーには、ピッチャーが投げるボールを受けるだけのわき役のようなイメージがあるかもしれない。しかし、キャッチャーだけがチームのほかの全員がバックネット側を向くなかで、たった1人、スタンド側を向いてグラウンドを一望できるのである。

　相手バッターの打球がどこに飛んだら、だれがどこへ動けばいいのかが的確にわかり、指示を出して守備陣全体をコントロールする役割をになう。

　そういう見方をすればキャッチャーは、チームの司令塔。チーム全体を、声かけや指さしで、積極的にコントロールするようにつとめよう。

　キャッチャーが消極的では、野手はどう動けばいいのかわからなくなり、チームとしてのまとまりもなくなってしまう。

　またキャッチャーは、女房役とも呼ばれる。試合に勝って目立つのは、確かにピッチャーであることが多いが、そのピッチャーを縁の下でリードして、陰で支えてあげるのが、女房役であるキャッチャーの役目なのだ。

# 第4章

## Infielder
# 内野手

ゴロの正面に入り、両手で捕球するのが基本。体からそれたボールは、片手でキャッチ。内野手に必要な技術をすべて紹介する。

## 内野手
## 構え方

# 基本の構え方を見直せば
# 相手の打球を捕れる

プレーレベル ① ② ③ ④ ⑤　　練習人数 1人〜

構え方が間違っていると、動き出しが遅くなり、捕れる打球も捕れなくなる。捕れない原因は、捕球技術が未熟なのではなく、構え方に原因があるのかもしれない。基本の構え方を見直そう。

**1**

ポイント① スタンスは肩幅ていど

スタンスはせますぎず、広すぎず、肩幅ていどにする

**2**

ポイント② ピッチャーの投げたコースをよく見る

ピッチャーが投げたボールのコースを見ながら、捕球体勢をとる

# 沈み込んでリズムをとり左足を半歩前に出す

相手バッターの打球を捕れない内野手には、捕球動作というよりも、まず出足が遅れる構え方に原因があるかもしれない。構え方についてよく知らない内野手は少なくない。バッターが打つ瞬間に体を沈み込ませてリズムをとり、左足を半歩前に出して動き出すようにしよう。スムーズに始動できるようになる。

## 監督からのアドバイス

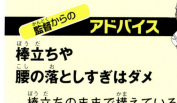

### 棒立ちや腰の落としすぎはダメ

棒立ちのままで構えているのはダメ。動き出しが遅くなるよ。逆にどっしり腰を落としすぎるのも、あまりよくない。体が安定しすぎて、やっぱりすぐに動き出せなくなってしまうんだ。

NG

第4章 内野手

---

**3** ポイント③ 体を沈み込ませてリズムをとる

バッターが打つ瞬間に体を沈み込ませ、左足を半歩前に出して始動

**4** ポイント④ アウトコースは1塁より、インコースは3塁よりに体重をかける（左バッターの場合は逆）

たとえばアウトコースは3塁方向に強打はこないので、体重を左足よりに

## 内野手
### 捕球・送球の基本

## ボールの正面に入って捕球し、左足を投げる方向へふみ出す

**プレーレベル** ① ② ③ ④ ⑤　**練習人数** 3人〜

捕球と送球は、内野手にとって最も基本となるテクニックだ。あわててしまわないように注意。正しいフォームをおぼえて落ち着いて処理すれば、確実に相手のランナーをアウトにすることができる。

**1** ボールの正面に入って中腰の姿勢で捕球し、次の送球動作に備える

**2** **ポイント①** 中腰になって送球動作に備える

**3** **ポイント②** ステップをふんでリズムをとる

捕球したら、ステップをふんで、下半身で送球のリズムをとる

## ボールコントロールは足で方向性を定める

捕球の基本は、ボールの正面に入り込むこと。捕りやすい姿勢でボールに近づき、距離感を合わせるようにしよう。正確に送球するには、捕球後にステップしてリズムをとり、投げるほうに向かって左足をふみ出すこと。送球は左足をふみ出す方向にいくので、ステップがそれると送球もそれるので注意しよう。

### 監督からのアドバイス
### あわてて暴投しないようにしよう

捕球直後に早く投げようとして、あわててしまわないように注意しよう。せっかくボールをうまく捕球できても、送球をあわててしまうと、ステップが狂って暴投になることもあるよ。

第4章 内野手

---

**4** ポイント③ 左足を受け手がいるほうへふみ出す

投げるほうへ左足をふみ出し、送球の方向性を定める

**5**

**6** ポイント④ 正確にコントロールしてアウトをとる

受け手のグローブに正確にコントロールし、相手ランナーをアウトにする

# 内野手
## ゴロ

DVD

## ボールのバウンドのリズムに合わせて動いてみよう

プレーレベル 1 2 3 4 5　　練習人数 2人〜

ゴロを捕るのが苦手な内野手は、打球が転がってきたら、一目散にそちらへ向かって動こうとしがち。そうすると、捕球タイミングを計れなくなってしまう。バウンドのリズムに合わせることが大切だ。

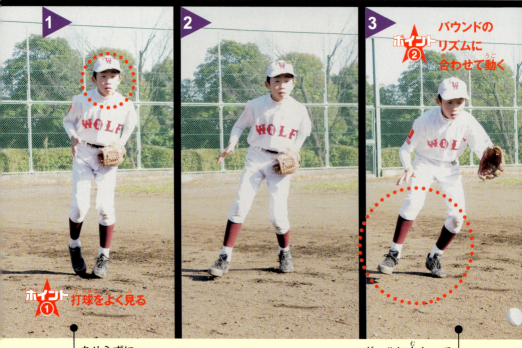

1　ポイント① 打球をよく見る
2
3　ポイント② バウンドのリズムに合わせて動く

あせらずに、まずは相手の打球をしっかりと見ることが大切

ボールに向かって突っ込むのではなく、バウンドのリズムに合わせて動く

## ひざは地面につかずに中腰で次の送球に備える

ゴロが飛んできたら、まずはしっかりと打球を見て、バウンドのリズムに合わせて体を動かすことが大切だ。ボールに突っ込んでしまわないように注意しよう。そのうえで腰を低くし、前傾姿勢で捕球すること。次の送球動作につながるように、ひざはつかずに中腰でキャッチすると動作がスムーズにいく。

### 監督からのアドバイス
**ひざはつかずに送球動作に備える**

ゴロの捕球は、バウンドの落ち際をキャッチするほうが、落ち着いて対応できるので簡単だよ。はね上がり際のボールは、なれないと捕りにくいから注意してね。ボールをよく見よう！

第4章 内野手

**4**

**5** ポイント③ 腰を低くしてキャッチ

腰を低くし、前傾姿勢で捕球。腕だけ伸ばして捕りにいかないように

**6** ポイント④ ひざはつかずに送球動作に備える

次の送球動作があるので、ひざは地面につかずに処理する

71

## 内野手
## シングルキャッチ

# リーチを伸ばすことができ守備範囲が大幅に拡大する

プレーレベル **1 2 3 4 5**　練習人数 **2人〜**

体から遠いところへ飛んできたボールに対して、両手で捕れない場合の捕球術。片手でキャッチすれば、リーチ（腕の届く長さ）を伸ばすことができ、守備範囲を広げられるようになる。

**1**

**2** ポイント① 足を細かく動かして移動

遠い打球に対して、足を細かく動かし素早く移動する

**3** ポイント② 中腰になってバランスをとる

バランスが乱れやすいので、中腰になって体を安定させる

## 片手だけで捕るので しっかりつかむ意識が大切

シングルキャッチは、リーチが伸び、守備範囲が拡大するのが特徴だ。とはいえ、遠いボールに対する捕球になるので、体のバランスがどうしても乱れてしまう。腰を落として安定した動き方を心がけよう。また、片手だけで捕るので、ボールをよりしっかりとつかむように意識することが大切だ。

### 監督からのアドバイス

**腕だけ伸ばして捕りにいかないように**

遠いボールに対して、腕だけ伸ばして捕りにいくと、捕りそこねてしまうよ。フットワークを上手に使って、しっかりと捕球位置まで移動することが大切だ。おうちゃくしないように要注意。

NG

第4章　内野手

4

5
ポイント3　グローブをさし出す

6
ポイント4　片手でしっかりとボールをつかむ

ボールに向かってグローブをさし出す準備

シングルキャッチはボールが飛び出しやすいから、しっかりとつかむ点に注意

## 内野手
## 逆シングルキャッチ

# 体から遠い右側のボールをグローブを返してキャッチ

プレーレベル 1 2 3 4 5　練習人数 2人〜

右側に飛んできた体から遠い打球を、グローブを返して捕球するのが、逆シングルキャッチ。うまくできるようになると、守備範囲がさらに拡大する。鉄壁の内野手として活躍することができるようになる。

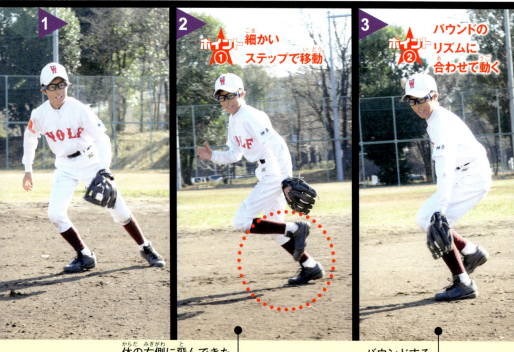

**1**

**2** ポイント① 細かいステップで移動

体の右側に飛んできた打球に対して素早く移動

**3** ポイント② バウンドのリズムに合わせて動く

バウンドするリズムに合わせてボールに近づいていく

## 右足をふんばって送球体勢をととのえる

シングルキャッチと同様か、それ以上に、体のバランスが不利になる逆シングルキャッチ。まずはしっかりとボールをつかむように心がけよう。また捕球後の動作が大切。体がアンバランスなままでは、せっかくキャッチできても次にうまく送球できない。右足をふんばり、体勢を立て直すように心がけよう。

### 監督からのアドバイス
**ボールにまわり込むと動きが遅れてしまう**

逆シングルキャッチは難しいからといって、ボールの左側までまわり込もうとする選手がいる。しかし、まわり込むと動きが遅れてしまうので、結局、相手のランナーをアウトにできないよ。

第4章 内野手

**4** ポイント❸ しっかりと握って落球をふせぐ

不利な体勢でボールをこぼしやすいから、よりしっかりと握る

**5**

**6** ポイント❹ 右足をふんばり、送球に備える

捕ったあとが大事。右足をふんばって体勢を立て直し、送球に備える

75

## 内野手
### フライ

# 頭よりも前でボールを捕ると
# フライの捕球率がアップする

プレーレベル ① ② ③ ④ ⑤　練習人数 2人〜

フライを頭の真上で捕ると思い込んでいる選手が少なくない。しかし、そうするとボールが見えにくく、案外捕りにくいもの。ボールをしっかりと目でとらえて正確にキャッチできる方法を紹介する。

**1** ポイント① ボールをよく見て落下地点へ

**2**

**3** ポイント② 左足を前にしてバランスをととのえる

フライが上がったら、ボールから目線を切らずに落下地点へ移動

左右の足は平行にそろえず左足を前にして、バランスよく捕球体勢に入る

# 両足は真横にそろえず左足を前に出す

フライをうまく捕球するには、ボールの真下に入るのではなく、頭よりも少し前でキャッチするのがテクニック。ボールを見やすく、手を上げる動作にも無理がない。また、両足を真横にそろえてしまうと、正確に落下地点へ入れない。左足を少し前にすれば、バランスよく捕球体勢に入れるようになる。

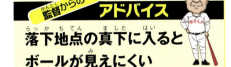

## 監督からのアドバイス
### 落下地点の真下に入るとボールが見えにくい

ボールの落下地点の真下に入ってしまうと、真上を見上げる姿勢になるので、ボールが見にくくなるよ。また、構えたグローブでボールに対する視線をさえぎってしまうおそれもある。

NG

第4章 内野手

ポイント③ キャッチする位置は頭よりも前

ポイント④ 右手をそえて両手で捕る

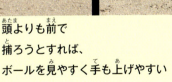

頭よりも前で捕ろうとすれば、ボールを見やすく手も上げやすい

右手をそえて両手でキャッチし、ボールがこぼれ落ちるのをふせぐ

内野手

# ショートバウンド

## ボールの少し横から入れば ショートバウンド捕球は簡単

プレーレベル ① ② ③ ④ ⑤　　練習人数 2人～

ボールのはね上がり際を捕るショートバウンドの処理。ボールの正面に入り込んでしまうと、怖くて体がすくみ、目線も切ってしまいがち。ボールに対して少し横から入ると難しさは半減する。

1　はね上がってくるボールに対して、低い姿勢で捕球体勢に入る

2　ポイント① ボールから体を右にそらせる

3　ポイント② バウンドの横から入れば怖くない　正面からだと怖いバウンドも、横から入れば捕りやすい

## 体を逃がせば怖くない。グローブも自然に正対する

体から横にそれたボールも正面に入り込んでさばく普通のゴロとは、考え方が逆だ。正面のボールに対しても、あえて少し右に体を逃がすというのがテクニック。体を逃がせば、バウンドが怖くなくなり、グローブもボールに対して正対させることができるから、ショートバウンドも簡単に捕れるようになる。

### 監督からの アドバイス

**目線をボールからそらさないように**

はね上がり際、勢いがある打球を捕るショートバウンド処理は、どうしても目線がボールからそれてしまいがち。怖がらないで、しっかりとボールを見るようにして正確にキャッチしよう。

NG

第④章 内野手

4

横から入れば、自然とグローブをボールに正対させることができる

5 ポイント③ ボールに対してグローブを正対させる

6 ポイント④ 「パパン」のリズムでキャッチする

バウンドのはね上がり際を、「パパン」のリズムでタイミングよくキャッチ

### 内野手
# 高いバウンド

DVD

## 上からグローブをかぶせてバウンドを押さえ込む

プレーレベル 1 2 3 4 5　練習人数 2人〜

ボールはゴム製なので、バウンドが高くはね上がるのが特徴だ。また相手のバッターも、それをねらってたたきつけるバッティングで、野手の頭上を抜こうとしてくる。確実に止める方法を紹介しよう。

**1**

**2** ポイント① バウンドのリズムに合わせて動く

打球をよく見て、バウンドのリズムに合わせてボールに近づく

**3** ポイント② バウンドに向かってジャンプ

高くはずむバウンドに向かって、ジャンプして飛びつく

## グローブ内に収めればすっぽ抜ける心配がない

高いバウンドの打球をうまくキャッチするには、はね上がってきたボールに対して、上からグローブをかぶせるのがテクニック。バウンドを押さえ込めるので、確実に打球を止めることができる。押さえ込む意識がないと、グローブ内にせっかく収めても、上へすっぽ抜けるおそれがあるので注意しよう。

### 監督からのアドバイス
### スタートを切るタイミングも重要

ボールに向かってただ突っ込んでしまうのではなく、しっかりとバウンドに合わせてスタートを切ろう。タイミングが合わないと、高いボールにとどかなくなって、頭の上を抜かれてしまうよ。

第4章 内野手

4

5 **ポイント③** 全身を伸び上がらせる

全身を伸び上がらせて、高い捕球地点でキャッチ

6 **ポイント④** グローブをかぶせて押さえ込む

上からグローブをかぶせて、バウンドを確実に押さえ込む

## 内野手
## ファーストの捕球

# ベースから体を伸ばして捕球タイミングを早めよう

**プレーレベル** 1 2 ③ 4 5　**練習人数** 2人〜

内野ゴロは、野手が受けて、ファーストへ送球すると、セーフかアウトかギリギリのタイミングになるケースも少なくない。ファーストが捕球の仕方を一工夫して、アウトにできる確率を高めよう。

**ポイント1** それた送球も捕れるように、バランスよく構える

最初から伸びてしまうと、動けないので注意

**ポイント2** 野手が投げやすいように、ミットをさし出す

ファーストミットをさし出し、野手に送球目標を示してあげる

## それた送球も捕れるように最後に体を伸ばす

ファーストは、1塁ベースについた足から体を伸ばして、少しでも捕球のタイミングを早くできるようにする。ただし、最初から体を伸ばしきっていると、野手からの送球がそれたときには動けず、捕れなくなってしまう。送球コースを確認して、捕球する最後のタイミングで、体をグッとひと伸びさせるようにしよう。

### 監督からのアドバイス
### ベースから離れてタッチしてもOK

ずっと1塁ベースにはりついていると、パスボールしてしまうこともある。余裕があれば、ベースから離れてランナーに直接タッチしにいってもいいよ。状況をしっかり確認することが大切。

第4章 内野手

**3** ポイント❸ 野手からの送球をキャッチ

1塁ベースに足をつけて、野手からの送球を受ける

**4** ポイント❹ 体を伸ばして捕球タイミングを早める

体を伸ばして、できるだけ捕球タイミングを早める

## コラム

## 捕球技術が向上する
## 段階的キャッチボール練習

　富士見台ウルフ少年野球クラブでは、練習の前の準備運動のなかに、キャッチボールを取り入れている。普通にキャッチボールを行うチームは多いと思うけど、一味違った取り組みをしているので、紹介しよう。

　2人1組になって、初めは転がすボールをキャッチするようにする。正面の基本のゴロのほか、左右に散らしてシングルキャッチ、逆シングルキャッチも取り入れる。ゴロの次はショートバウンドキャッチも行い、準備運動とはいいながら、捕球技術の向上に努める。

　さらに投げるときにも、足をふみ込んだ普通のキャッチボールの前に、両足を左右に並べたステップを行わない投げ方をする。これにより、足のステップが使えないぶん、上半身が自然にひねられて、腰の回転を使った投げ方ができるようになる。

　そして最後に、左足を投げるほうへふみ込み、方向性を定めるキャッチボールを行う。このように段階的に取り組むことで、効率のよい練習を心がけているのだ。

## 第5章

**Outfielder**

# 外野手

フライをうまく捕るには、なるべく下からボールを見るのがテクニック。距離感をつかみやすく、正確にボールの落下地点に入れる。

# 外野手
## 構え方

## 広い守備範囲をカバー。始動が素早くなる構え方

プレーレベル ① ② ③ ④ ⑤　　練習人数 1人～

外野手は内野手よりも、はるかに守備範囲が広いため、素早くスタートを切れる構え方が大切だ。出足の1歩が早くなるだけで、今まで捕れなかったボールも捕れるようになる。

正面

**ポイント①** アウトオブプレー（プレー停止時）はリラックス

プレーが始まる前は、リラックスしていてよい

**ポイント②** インプレー（プレー再開時）は、ひざを曲げて構える

ピッチャーが投球モーションに入ったら、ひざを曲げて腰を低くする

# 左足を少し前に出して前傾姿勢で構える

外野手は、内野手に比べてバッターからの距離が遠いため、構え方がおろそかになりがちだ。しかし、相手バッターに打たれた打球は数秒で到達してくる。そのため、すぐに動き出せる姿勢で構えておく準備が大切となる。左足を前にして前傾姿勢になり、いつでもスタートが切れるように構えよう。

## 監督からのアドバイス

### 棒立ちになるとスタートが遅れる

内野手より動き出すまでに時間があるぶん、落ち着いてしまいがち。だけど棒立ちで構えていると、スタートを切りづらくなりスタートダッシュが遅れてしまうよ。数秒の遅れが致命傷になる。

第5章 外野手

**横から**

ポイント③ 広すぎず、せますぎない肩幅ていどのスタンス

スタンスは肩幅ていど。ひざを軽く曲げて立つ

ポイント④ 左足を前に出して動きやすい姿勢に

打球に備えて左足を前にし、前傾姿勢の動きやすい構え方になる

## 外野手
## 捕球・送球の基本

# 両手でボールをキャッチし
# 体重移動を使って送球する

**プレーレベル** ① ② ③ ④ ⑤  **練習人数** 2人〜

捕球は、おうちゃくせず両手で捕るのが基本。送球は、外野からの場合は内野へもどす遠投になる場合がほとんど。腕だけで投げようとせず、ステップして体重移動を使った送球を心がけよう。

**ポイント①　打球の正面に入る**
フットワークを使って打球の正面に入り込む

**ポイント②　右手にボールを持ち替える**
打球を捕ったら、素早く右手にボールを持ち替える

# 両手で捕るのが最も確実
# 左足をふみ込んで投げる

　捕球は、体の正面で、両手でボールを捕るようにするのが最も確実だ。正確にキャッチしたら、右足でステップし、次に投げる方向へ左足を大きくふみ込むようにする。それにより、右足から左足への体重移動が自然にでき、全身を使った力強い送球になる。バックホームでランナーを刺すレーザービームも夢ではない。

## 監督からのアドバイス

### バックホームは
### ワンバウンド送球も可

　バックホームする場合は、ワンバウンドで送球してもいい。山なりになるよりは到達する時間が早いし、低く送球すれば、キャッチャーも捕ってからスライディングしてくる相手のランナーへタッチしやすくなるよ。

第5章 外野手

右足でステップする

右足でステップして、送球体勢に入るとともにリズムをととのえる

左足を踏み込んで体重移動

左足を投げる方向へふみ込むことで、体重移動が使え、方向性も定まる

# 外野手
## ゴロ

## ランナーの進塁を許さない走り込みの捕球術を習得

プレーレベル ① ② ③ ④ ⑤ 　練習人数 2人〜

ランナーがいないときと、いるときでは、外野手によるゴロの捕り方は違ってくる。ランナーがいないときは正確な捕球、ランナーがいるときは次の送球に備える捕球ができるようにする。

**ポイント①** ゴロに向かって前進する

**ポイント②** 低い姿勢になって捕球

ランナーがいるときは、次に送球しやすいように打球を待たずに前進

ひざを曲げ、中腰の姿勢になってゴロを捕りにいく

## 少年野球はライトゴロで アウトにすることも可能

まず相手のランナーがいない場合は、落ち着いて正確に処理する。ランナーがいる場合は進塁を許さないように走り込んで捕球し、すぐに送球できるように備えること。特に少年野球はライトゴロでアウトにすることも可能だ。ただし先を急いでトンネル（エラー）したら意味がないので注意しよう。

### 監督からのアドバイス

**ランナーがいなければ急ぐ必要はない**

ランナーがいないときは、相手の外野ゴロを急いで捕りにいく必要はないよ。落ち着いて、ボールが転がってくるのを待って、しっかり腰を落として後逸しないように正確に捕球しよう。

第5章 外野手

**ポイント③ すぐに右手にボールを持ち替える**

捕ったらすぐにボールを右手に持ち替え、送球準備に入る

**ポイント④ 送球態勢に入って相手ランナーの足を止める**

少年野球ではライトゴロでアウトにすることもできる

## 外野手
# フライ

DVD

## 低い姿勢になって
## ボールを下から見上げよう

プレーレベル 1 2 3 4 5　練習人数 2人〜

外野フライを捕る際に難しいのは、ボールとの距離感の合わせ方。下から打球を見るコツを紹介しよう。右ページの「監督からのアドバイス」も参考すれば距離感がピタリと合うようになってくる。

ポイント① 下からフライを見る

ポイント② ボールの落下地点へ移動

1

2

3

低い姿勢になって、なるべく下から見るようにすると、距離感を把握しやすい

フライの距離感に合わせて、歩幅を調整し、ボールの落下地点に入る

## グローブに右手をそえて頭の前でキャッチする

フライの距離感に合わせて歩幅を調整し、ボールの落下地点へと移動する。グローブに右手をそえて、顔の前でキャッチするのが基本。また、なるべく下からフライを見るのがテクニックだ。低い姿勢になってボールを見上げるようにすると、高い位置から見るよりも、正確に距離感をつかめるようになってくる。

### 監督からのアドバイス

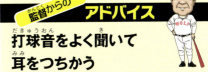

**打球音をよく聞いて耳をつちかう**

打ったボールの打球音にも気を配ろう。距離感や方向性を判断できる耳をつちかっておくと、打球音を聞いただけでフライが浅いのか深いのか、右なのか左なのかなどがわかるようになるよ。

第⑤章 外野手

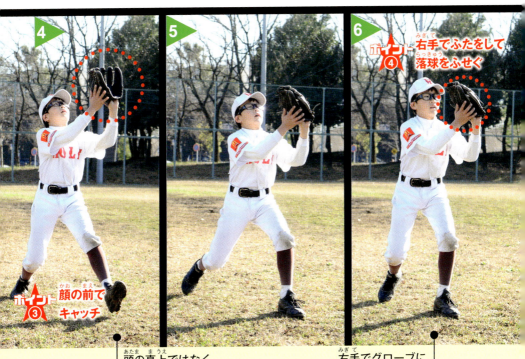

頭の真上ではなく、顔の前でキャッチすると、ボールを見やすい

右手でグローブにふたをして落球をふせぐ

# コラム

## 中間のフライはだれが捕る？
## 失敗しないポジショニングとは

　外野手がフライを捕球するときに心がけるポイントについて紹介しよう。フライが上がると、目線はボールに向けるため、周囲の味方の野手が見えなくなる。

　たとえば、センターとレフトの間に上がったフライに対して、2人が同時に捕りにいくと、ともにボールに向かって動くので、ぶつかり合ってエラーをしてしまう。あるいは捕る直前にお互いの存在に気づいて、両者がともにボールを見送ってしまう「お見合い」にもなりかねない。

　こんなときに、どちらが捕るか迷わないようにするためには、声をかけ合うのはもちろんだが、「中間に上がったボールはセンターが取る」とあらかじめ決めておくと確実だ。

　そしてレフトは、センターが落球するかもしれないときに備えて、カバーに入るようにすれば万全だ。

　足が速くて守備範囲が広く、捕球技術も高い選手がセンターに起用されることが多いのは、こうした理由だ。

## 第6章

**Base running**

# 走塁

走行ラインやベースの踏み方をひと工夫すれば、俊足ランナーに生まれ変われる。スライディングの仕方もマスターしよう。

## 走塁

### 1塁をかけ抜ける

# トップスピードで疾走し1塁ベースをかけ抜ける

プレーレベル 1 2 3 4 5　練習人数 1人〜

打った内野ゴロでセーフになるかアウトになるかは、1塁へのかけ抜け方が明暗をわけるポイントになる。1塁ベースがゴールと思うと失速しがち。ゴールはさらに先に設定するのがテクニックだ。

**1** ポイント① どんなゴロを打っても全力疾走

内野ゴロを打ったら、相手の野手がエラーする可能性も考えて全力で走る

**2**

**3** ポイント② ゴールのイメージは1塁ベースの先

1塁ベースよりも先をゴールとしてイメージする

## ゴールのイメージは
## ベースの5〜7m先にすえる

　1塁ベースが到達するべきゴールだと思って走ると、手前で失速し、アウトになってしまうこともある。1塁ベースの5〜7メートル先がゴールだとイメージして、ベース上をトップスピードでかけ抜けるようにしよう。今までぎりぎりのタイミングでアウトにされていた内野ゴロが、セーフになるはずだ。

### 監督からのアドバイス
### 1塁へのヘッドスライディングはさける

　突き指などをしかねないので、ケガを防止する観点からも、1塁ベースへのヘッドスライディングは、少年野球ではしないほうがいいよ。

NG

**ポイント③ 1塁ベースの右側をふむ**

左足でベースの右側をふんで、ファーストとの接触をさける

**ポイント④ 5〜7メートル先をゴールにする**

1塁ベース上はトップスピードでかけ抜け、5〜7メートル先で止まる

## 走塁
### 盗塁

# ピッチャーの手元を見て
# 絶妙のタイミングでGO!

**プレーレベル** ① ② ③ ④ ⑤　　**練習人数** 3人〜

盗塁する場合、リードは4歩ていどが適切。スタートを切るタイミングは、相手のピッチャーがセットポジションから投球動作に入った瞬間。このタイミングでスタートを切れば、成功率が高まる。

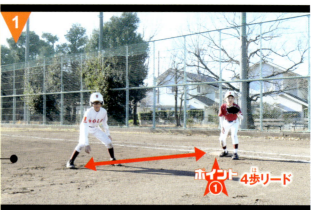

盗塁するなら
4歩のリードをとる

ポイント① 4歩リード

ピッチャーがセットから
投球態勢に入った
タイミングでスタートを切る

ポイント② 特に、ピッチャーが右手と左手を離す瞬間をよく見る

# 左足が右足をまたぐ
# クロスオーバーでスタート

　相手のピッチャーが投球動作に入ったら盗塁のスタートを切る。特に、右手と左手を離す瞬間をよく見ることが重要。すると、絶妙のタイミングで盗塁をしかけられる。このとき、右足から踏み出すのはNGだ。左足で右足をまたぐクロスオーバーのフットワークでスタートを切るのがテクニックだ。

## 監督からのアドバイス

### 相手チームの癖を見やぶる

　1回けん制をしたら、もう2回目はない。あるいは、何回もけん制してくる。チーム、ピッチャーによってはそういった癖がよくあるものなので、それを見やぶって盗塁をしかけよう。

第6章 走塁

---

**ポイント③ 左足で右足をまたぐクロスオーバー**

左足から
クロスオーバーの
フットワークで始動

**ポイント④ わき目もふらずに、走ることに集中**

全力疾走で
次の塁へと向かう

走塁

## リードから帰塁

# 5歩ていどリードをとって相手ピッチャーをかく乱する

**プレーレベル** 1 2 3 ④ ⑤　**練習人数** 3人〜

リードはするけど、盗塁するねらいがないのであれば、思い切って5歩ていど離塁してもいい。ランナーがチョコチョコと動けば、相手ピッチャーの気を引いて、集中力をかき乱すことができる。

**1**

帰塁するのがねらいなら、大胆に5歩ていどのリードをとる

ポイント① 5歩リード

**2**

ピッチャーの足元を見て、プレートをはずすか、左足が1塁側に向いたら帰塁

ポイント② ピッチャーの足元をよく見て帰塁

## ヘッドスライディングの ひと伸びで生還する

相手ピッチャーの足元をよく見ることが大切だ。ピッチャーがプレートを外すか、左足が1塁側に向いたら、素早く帰塁する。帰塁には、ヘッドスライディングを用いるようにしよう。右手でベースの左側をタッチする。5歩ていどのリードなら、ヘッドスライディングのひと伸びで生還できるはずだ。

### 監督からのアドバイス

### 左足で地面をける

帰塁する場合、右足から1塁ベースに向かうと、動きが遅れてしまってアウトになりかねないので注意しよう。左足に体重を乗せて、左足で地面をけってヘッドスライディングするといいよ。

**ポイント③ 帰塁はヘッドスライディングで**

帰塁はヘッドスライディング。右手でベースの左側をタッチ

**ポイント④ 体をしっかりと伸ばす**

5歩ていどのリードなら、ひと伸びで無事に生還できる

## 走塁

# ベースランニング

# 手前の塁は曲線的に、次の塁へは直線的に走る

**プレーレベル** 1 2 3 4 5　　**練習人数** 1人〜

1塁をけって2塁へ向かうようなベースランニングでは、1塁のベースは直線的に走り込まずに、少し外側へふくらみながら大まわりしよう。一見すると遠まわりに思えるけど、次の塁へ直線的に向かえる。

**1** 手前のベースには、外側へふくらみながら曲線的に入る

**ポイント①** 手前のベースは曲線的に走行

**2** 遠心力に負けないように、体を内側（マウンド側）に倒して走る

**ポイント②** 体を内側に倒す

# 一見遠まわりの走り方が最速のベースランニング

手前のベースへは、曲線的にふくらみながら入ると、次のベースへ向かうときには直線的に走れるので、結果的に時間を短縮することができる。逆に、もし手前の1塁へ直線的に走り込んでしまうと、オーバーランしてしまい、2塁へ遠まわりして向かうことになるから、遅れてしまいがちだ。

## 監督からのアドバイス

### ベースの角をける

ベースランニングで塁をまわるときに、ベースの中心をふんでしまうと、一瞬遅れてしまうから要注意。手前の左側をけるようにすれば、内まわりの最短距離でベースランニングができるよ。

第6章 走塁

**ポイント③ ベースの角をける**

ベースの中心ではなく、手前、左側をけって、次の塁へと向かう

**ポイント④ 次の塁へ直線的にダッシュ**

手前のベースは曲線的に走ったから、次のベースへは直線的に向かえる

## 走塁

# スライディング

## 左足を曲げてすべり 右足をベースに届かせる

プレーレベル ① ② ③ ④ ⑤　練習人数 1人〜

スライディングですべる距離は、走る速さやすべり方、体格などによって人それぞれ違う。事前に歩数を計って確認しておくといいだろう。ちょうどの距離感ですべれるようになると走力が高まる。

**ポイント①** すべる距離は事前に確認

すべる距離は
人それぞれ違うので、
歩数を計って確認しておこう

**ポイント②** ちょうどの距離感でスライディング開始

向かうベースに対する
ちょうどの距離感で
すべり始める

## 左右の足を間違えないように。役割分担が大事

スライディングをするときには、左足を曲げてすべり込み、さし出した右足をベースへ届かせるようにすることが大切。逆四の字の形だ。この曲げる足とさし出す足を間違いなく使いわけることが大事だ。左右の足が逆になると、立ち上がったときに外野のほうを向いてしまうので注意しよう。

### 監督からのアドバイス

**足を間違えると対応が遅れる**

スライディングのとき、左右の足が逆になると、立ち上がったときに後向きになり、外野のほうを向いてしまうよ。ボールの行方を見失う原因だ。次の対応が遅れてしまうので気をつけよう。

NG

第6章 走塁

4

**ポイント③ 右足をベースへ届かせる**

右足をさし出してベースに届かせる

5

6

**ポイント④ 左足で地面をけって立ち上がる**

曲げた左足で地面をけって素早く立ち上がる

## 走塁
## 本塁でのクロスプレー

# 相手キャッチャーのタッチを「かいくぐる」イメージだ

**プレーレベル** 1 2 3 4 5　**練習人数** 3人〜

3塁から本塁へ向かう、相手キャッチャーとのクロスプレーでは、走行ラインを右側にふくらみながら進入すること。左手でベースをタッチしにいくようにすれば、セーフになる確率が高くなる。

**1** 相手のキャッチャーとクロスプレーになるシチュエーション

**ポイント①** 勢いよくホームへ進入

**2** 本塁に近づいたら、やや右側にふくらみながら進入し始める

**ポイント②** 走行ラインを右側にふくらませる

## あえて右側にそれながらスライディングで進入

本塁へは、確かに直線的に走り込むのが最短距離だ。しかしそれでは、相手のキャッチャーに簡単にタッチされてしまうだろう。相手キャッチャーのタッチを「かいくぐる」イメージで、横にそれながらスライディングするようにしよう。そうすると、うまく生還できる可能性が格段に高まるはずだ。

### 監督からのアドバイス

## キャッチャーの顔からボールの位置を判断

ボールの行方を見る必要はない。そうすると、走るスピードが遅くなってしまうので注意しよう。相手キャッチャーの顔を見ていると、その向きから、ボールがどこに来ているのかがわかるよ。

**ポイント③ すべりながら左手でタッチ**

スライディングしながら、左手でベースをタッチしにいく

**ポイント④ 横にそれながら生還する**

相手キャッチャーのタッチを「かいくぐる」イメージだ

## コラム

## 楽しみながら走力を高める「SAQトレーニング」に挑戦

　走力を高めるにあたって、ダッシュをくり返すだけでは効率的ではない。富士見台ウルフ少年野球クラブでは、準備体操のメニューとしてラダー（縄はしご）を取り入れている。はしごのマス目を、細かくステップして、フットワークをきたえる。前ステップだけではなく、横ステップや後ろステップなども行い、脚力のみならず、脳から筋肉へ伝わる指令の神経伝達スピードを向上させるのがねらいだ。専門的には「SAQ（S=スピード、A=アジリティ／「敏捷」という意味、Q=クイック）トレーニング」と呼ばれていて、あらゆる競技のアスリートも取り組んでいる。また、ミニハードルもよいトレーニングになる。5つほど並べてピョンピョンと飛びこえていく動作をくり返せば、バランスのよい筋力やリズム感をやしなうことができる。ハードルの間隔を広くしたりせまくしたりして工夫すると、違う刺激を筋肉に与えることも可能だ。

　単調なダッシュをくり返すよりも、よっぽど楽しみながらトレーニングできるので、ぜひ取り入れてみよう。

# 第7章

## Practice

# 実践

チームで行う実践的な戦術について、守備側と攻撃側の立場からそれぞれ解説する。連係プレーを強化して強いチームを作ろう。

## 実践 ダブルプレー

# タイミングを計りながら行う
# 連係プレーでアウトを量産

**プレーレベル** 1 2 3 4 5　**練習人数** 6人〜

出塁をゆるした守備側のチームが、1つの打球で2つのアウトをとるダブルプレー。効率よくアウトを量産することができる。成功させれば省エネの守備が実現。試合の流れを引きよせることもできる。

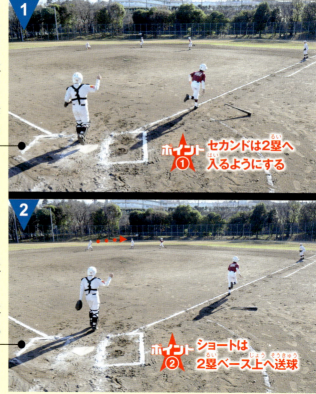

**1** ランナー1塁の状況で、相手のバッターがショートにゴロを打った状況。セカンドはダブルプレーをねらって2塁へ向かう

**ポイント①** セカンドは2塁へ入るようにする

**2** ショートは、セカンドがまだベースに入っていなくても、タイミングを早めるために2塁ベース上に送球する

**ポイント②** ショートは2塁ベース上へ送球

# 味方野手の動きを先読みして送球する

ランナー1塁でショートに飛んだ打球を、セカンドからファーストへとつないで相手の1塁、およびバッターランナーを併殺する「6-4-3」などが知られている。ショートが捕球したら、セカンドがまだ2塁に入っていないとしても、送球は2塁ベース上へ投げよう。セカンドが入るのを待っていたら遅れることもある。

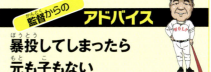

## 監督からのアドバイス

### 暴投してしまったら元も子もない

素早い動作が求められるけれど、暴投したら、ダブルプレーどころか1つもアウトを取れず、さらなる進塁すらゆるしてしまうことさえある。落ち着いて、まずは正確な送球を心がけよう。

NG

第7章 実践

**3** ポイント③ セカンドはベースをふんでファーストへ投げる

セカンドはベースをふんでファーストへ投げる

**4** ポイント④ ファーストは体を伸ばして捕球タイミングを早める

ファーストがベースをふみながら捕球して、バッターランナーをアウトにする

## 実践
### 挟殺プレー

DVD

# 前の塁へ追い込んで
# ランナーを確実にアウトにする

**プレーレベル** ① ② ③ ④ ⑤ **練習人数** 3人～

リードが大きかったり飛び出したりした相手ランナーを、守備側チームがはさんでアウトに追い込む。ランナーの足よりボールを投げるスピードのほうが速いので、連係すれば確実にアウトをとれる。

**ポイント①** 相手のランナーを塁間ではさむ

相手のランナーが飛び出したら、塁間ではさんで挟殺プレー

**ポイント②** 野手は互いに距離をせばめ合う

野手間の距離をせばめながら、相手のランナーを追い込む

## 野手間の距離をせばめて相手のランナーを追い込む

相手の3塁ランナーを、サードとキャッチャーではさんだとする。ポイントは、ランナーをなるべく前の3塁へもどすこと。また野手は、相手ランナーを追うときに全力で走り、徐々に間隔をせばめる。距離をせばめずボールを行ったり来たりさせていると、そのうち暴投して進塁をゆるしてしまうので注意したい。

### 監督からのアドバイス

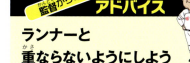

**ランナーと重ならないようにしよう**

相手ランナーにボールをぶつけてしまうと、落球し、進塁させてしまいかねないよ。3塁と本塁との間ではさんだ場合は、得点をゆるしてしまうので、ぶつけないように特に気をつけよう。

第7章 実践

---

### 3 追うときに全力疾走

追うときに全力で走り、なるべく前の3塁側へもどす

### 4 タッチしてアウトをとる

相手のランナーと十分に距離をちぢめたら、タッチしてアウトをとる

## 実践
## カットプレー

# 2塁ランナーを刺すと見せかけ
# 3塁ランナーをアウトにする

プレーレベル ① ② ③ ④ ⑤　練習人数 6人～

相手の3塁ランナーを走らせて、バックホームでアウトにするカットプレーの戦術を紹介。セカンドは、前進してバックホームのタイミングを早めるとともに、相手チームをうまくあざむく演技が大切だ。

ランナー1、3塁のシチュエーションで、キャッチャーが2塁へ送球

**ポイント①** キャッチャーが1塁ランナーを刺すふり

3塁ランナーがスタートを切った。セカンドは前進して送球をカット

**ポイント②** セカンドが送球をカット

## セカンドが送球をカットしバックホームでアウト

　たとえば相手のランナーが1、3塁で、1塁ランナーが盗塁。キャッチャーは、アウトにするために2塁ベース上にいるショートへ送球すると見せかける。そのタイミングで相手の3塁ランナーがスタート。ところが、セカンドが送球をショートに到達する前にカットし、バックホームして相手の3塁ランナーをアウトにする。

### 監督からのアドバイス

#### 投げるふりで3塁ランナーを足止め

　3塁ランナーがスタートしない場合は、セカンドが送球を見逃して1塁ランナーをショートがアウトに。このとき、セカンドは投げるふりをして3塁ランナーの足を止めよう。

第7章 実践

**3** ポイント③ バックホーム

すかさずセカンドがキャッチャーへ送球してバックホームする

**4** ポイント④ 3塁ランナーをアウトにする

余裕のタイミングで、3塁ランナーをアウトにすることができる

## 実践 バックアップ

# 野手からの飛球線上の後方にポジションをとってバックアップ

プレーレベル 　練習人数 4人〜

野手は自分の守備位置だけを守っていればいいわけではない。味方の送球がそれたときに備えて、後方でバックアップする連係がとれると、守備のチームプレーがうまく機能する。

**1**

サードからファーストへの送球が、それてしまったシチュエーション

ポイント① 暴投に備える意識が大切

**2**

ライトがファーストのバックアップに入る

ポイント② ライトがバックアップに入る

## 送球方向に対して
## バックアップする

　バックアップをするときに大切なのは、送球方向に対してだれがバックアップに入るかを、正確に行うこと。たとえば同じファーストのバックアップでも、サードからの送球にはライト、セカンドからの送球にはキャッチャーが入ると、飛球線上の後方にポジションをとれるので、無理なくバックアップできる。

### 監督からのアドバイス
### セカンドからの送球には
### キャッチャーが入る

　サードからファーストへの送球例を紹介したけれど、セカンドからファーストへの送球には、キャッチャーがバックアップに入ると、送球の方向に対してうまくポジションをとれるので無理がないよ。

第7章 実践

**ポイント③ クッションボールを処理**

フェンスに当たってはね返ってきたクッションボールを処理

**ポイント④ 相手ランナーの進塁をゆるさない**

バックアップをうまく行えたため、相手のランナーは進塁できない

## 実践 送りバント

DVD

# 自分は犠牲になってもいい。
# ランナーを確実に進塁させる

プレーレベル 1 2 3 4 5　　練習人数 3人〜

バッターを犠牲にしてランナーを次の塁に進める送りバント。たとえば9回裏の攻撃で同点の場合、1点入れば勝てるというときに、バッターは犠牲になっても進塁がかなえば勝利に近づくと考えられる。

**1** ポイント① 目とバットとボールの高さを一定に

バッターは、目とバットとボールの高さを一定にして構える

**2** ポイント② ボールの少し上側に当てる

ボールの少し上側に当てると、打球の勢いをうまく殺せる

## ボールの上側を打って打球の勢いを殺そう

　送りバントは、すでに出塁している味方のランナーを進塁させるために行うバントだ。バッターである自分は、アウトになっても構わない。強く打つと相手の野手に早く捕られるので、うまく打球の勢いを殺すことが大切。ボールの芯ではなく、少し上側に当てると、力を加減しなくても打球の勢いを殺せる。

### 監督からの アドバイス

### ランナーは打球を見てから走る

　ランナーは、バッターの打った送りバントの打球が確実に転がるのを見てからスタートを切ろう。先走ってしまうと、フライになった場合、ゲッツーをとられてしまいかねないよ。

第7章 実践

**ポイント③ 打球の勢いを確実に殺す**

ランナーを進めるのが目的だから、打球さえ殺せばピッチャー前でもよい

**ポイント④ 得点圏までランナーを進める**

セカンドまでランナーを進めれば、得点に結びつく可能性が高まる

## 実践
## スクイズ

# 相手のピッチャーが投げると同時にランナーはスタート

**プレーレベル** 1 2 3 4 5　**練習人数** 4人～

ヒッティングの構えから、相手のピッチャーが投げると同時にバントに構え直して、味方ランナーの進塁をうながす。3塁ランナーを生還させる目的で使うチームプレー。成功すれば得点できる。

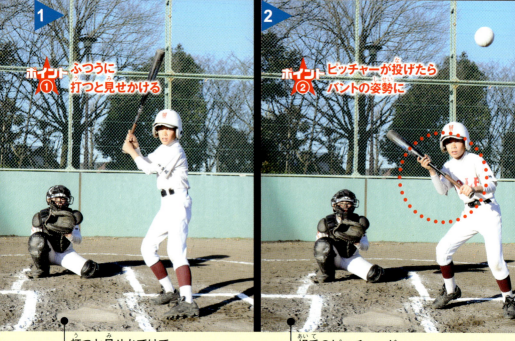

**1** ポイント① ふつうに打つと見せかける

打つと見せかけて、ヒッティングの構えでバッターボックスに立つ

**2** ポイント② ピッチャーが投げたらバントの姿勢に

相手のピッチャーが投球動作に入ると同時に、素早くバントに構え直す

## ファウルになっていいから
## バッターはとにかく当てる

　スクイズは、バッターが必ずバントし、ランナーが必ず走ることを事前に申し合わせておくチームプレーだ。3塁ランナーは、ピッチャーが投球動作に入ったら走ろう。バッターが空振りすると、3塁ランナーは、はさまれてしまう。ファウルになってもいいから、とにかくバットにボールを当てるようにすること。

### 監督からのアドバイス
### はずされたら、3塁ランナーはもどる

　相手チームのバッテリーにスクイズを警戒されて、バントが届かないコースへボールをはずされることもある。3塁ランナーはボールの高さを見て、明らかにはずされたら、塁にもどること。

第7章 実践

ポイント3 とにかく、バットに当てる

最悪の場合は
ファウルになってもいいから、
バットに当てることが大事

ポイント4 確実に転がす

フライになると
3塁ランナーがアウトになる。
確実に転がそう

# 実践 バスター

DVD

## バントの構えをしておいてヒッティングに切り替える

プレーレベル 1 2 3 4 5　　練習人数 3人〜

バットを短く持って、送りバントをすると見せかける。そして、相手の野手を前進させておき、ヒッティングに切り替えて強振する。バスターで、前進守備の相手野手をびっくりさせよう。

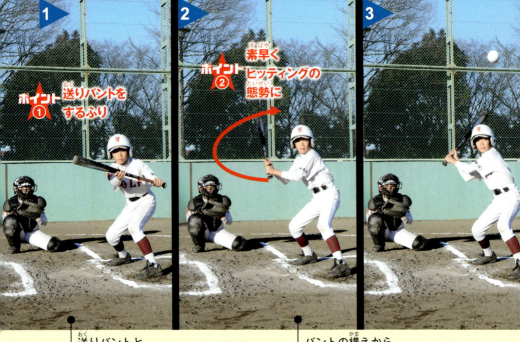

**1** ポイント① 送りバントをするふり

**2** ポイント② 素早くヒッティングの態勢に

**3**

送りバントと見せかけて内野を前進させておく

バントの構えから、素早くヒッティングに構え直す

## コンパクトなスイングでしっかりとミートする

相手のピッチャーが投げた瞬間、バントの構えからヒッティングに切り替える。成功させるポイントとしては、ギリギリまでバントと見せかけておいて、素早く構え直すことが大切だ。また、コンパクトなスイングで構わないのでしっかりとミートし、相手の前進守備に対して痛烈な1打をはなとう。

### 監督からのアドバイス

**高くはずませて野手の頭上を抜く**

打球を地面に強くたたきつけて、バウンドを高くし、前進守備をしている相手野手の頭上を抜こう。バウンドが高くなるゴム製のボールを使った軟式野球では特に有効な作戦だよ。

第7章 実践

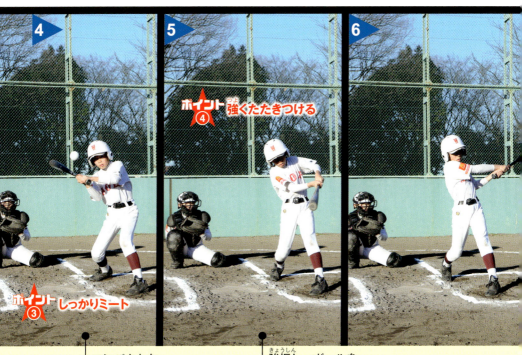

ポイント③ しっかりミート

ポイント④ 強くたたきつける

コンパクトなスイングで、しっかりミート

強振し、ボールを地面にたたきつけて、相手の野手の頭上を抜く

## 実践

## ヒットエンドラン

# たとえボールをはずされても打ちにいくのが絶対条件

プレーレベル 1 2 3 4 5　練習人数 4人〜

ランナーは必ず走り、バッターは必ず打つとサインで申し合わせたうえで行うチームプレー。ランナーはより早いタイミングでスタートを切れるので、進塁できる可能性は格段に高くなる。

### 1 ポイント① 投球動作に入ったらランナースタート

ランナーは、ピッチャーが投球モーションに入ったら走り出す

### 2 ポイント② バッターは必ず打ちにいく

バッターは、たとえはずされても必ず打ちにいくようにする

## バッターは上からたたいて打球をはずませよう

ヒットエンドランでポイントとなるのは、バッターのはなつ打球だ。うかせてしまうと、作戦は失敗する。上からたたいて打球をはずませるようにしよう。また、たとえ相手のバッテリーにボールをはずされても、必ず打ちにいくのが絶対条件。最悪の場合はファウルにしてもいいから、バットにボールを当てること。

### 監督からのアドバイス
### 低いボールは上からぶつける

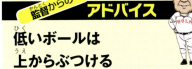

ヒットエンドランのサインが出たら、たとえ低いボール球でも必ず打ちにいくこと。低いボール球を打つのは難しいけれど、バットを上からぶつけるようにして転がすといいよ。

第7章 実践

---

**3** うかせるとゲッツーをとられるので必ず転がす

打球がフライにならないように、確実に転がそう

**4** ランナーを得点圏に進める

早いタイミングでスタートを切れるランナーは進塁できる可能性が高い

# 実践
## タッチアップ

DVD

## ランナーコーチャーのかけ声でスタートダッシュ

プレーレベル 1 2 3 4 5　練習人数 5人～

味方のバッターが外野へ深いフライを打ったら、ランナーはハーフウェーから帰塁し、相手外野手の捕球を待つ。捕った瞬間に進塁をねらうのがタッチアップ。ランナーコーチャーとの連携が成功の鍵だ。

**1** タッチアップの準備に入るため、ハーフウェーから3塁ベースに帰塁する

ポイント① フライが深い場合に帰塁

**2** ホームのほうを向いて、スタートする準備をととのえる

ポイント② ホームを向いてタッチアップの準備

## 「ヨーイ・ドン」の姿勢で本塁を見すえる

ランナーは、フライを最後まで見とどける必要はない。一刻も早く走り出せるように「ヨーイ・ドン」の姿勢でホームを見て構える。ランナーコーチャーの「ゴー！」のかけ声とともにスタートする。本塁のタッチプレーでは0.1秒をきそうので、このスタートダッシュが明暗をわけるといっても過言ではない。

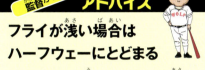

### 監督からのアドバイス
### フライが浅い場合はハーフウェーにとどまる

バッターの打ったフライが浅い場合は、ハーフウェーにとどまろう。その後、相手の外野手が捕球したら3塁に帰塁。浅いフライにもかかわらず、得点ほしさに無理して突っ込むとアウトにされるよ。

**3** ポイント③ コーチャーのかけ声でスタート

コーチャーの声かけとともにスタートを切る

**4** ポイント④ 全速力で走る

ボールにはわき目もふらずに全速力でホームへ

## 監修

### 小笠原春夫（おがさわら　はるお）

富士見台ウルフ少年野球クラブ監督。
1950年生まれ。35年間の長きにわたり富士見台ウルフ少年野球クラブをけん引。入部選考を設けない地域のクラブチームでありながら、トップレベルの実力を育む。チームポリシーは『努力は君たちを裏切らない！』。野球のみならず文武両道を重んじる指導・育成に注目が集まる。2016年は「高円宮賜杯 第36回全日本学童軟式野球大会マクドナルド・トーナメント」において激戦の神奈川県予選を突破し、悲願の全国大会出場、3位に輝いた。

今回、取材・撮影に協力してくださったみなさん
選手＝小笠原大燿クン、島田優吾クン、大森海クン、大森晴クン、斎藤公太クン、齋藤善クン、木村喜一クン、枡井亮磨クン、廣川敦クン、藤澤蓮クン、河田隆汰クン、林慧太クン
スタッフ＝中村幸二さん、福留昌也さん、齋藤芳和さん、木村健一さん、枡井達也さん、ご父母の皆様

本書の内容に関するお問い合わせは、書名、発行年月日、該当ページを明記の上、書面、FAX、お問い合わせフォームにて、当社編集部宛にお送りください。電話によるお問い合わせはお受けしておりません。また、本書の範囲を超えるご質問等にもお答えできませんので、あらかじめご了承ください。
　FAX：03-3831-0902
　お問い合わせフォーム：http://www.shin-sei.co.jp/np/contact-form3.html

落丁・乱丁のあった場合は、送料当社負担でお取替えいたします。当社営業部宛にお送りください。
本書の複写、複製を希望される場合は、そのつど事前に、出版者著作権管理機構（電話：03-5244-5088、FAX：03-5244-5089、e-mail：info@jcopy.or.jp）の許諾を得てください。
[JCOPY] ＜出版者著作権管理機構 委託出版物＞

---

**DVDでレベルアップ**
**小学生の野球上達BOOK**

| 監修者 | 小笠原　春夫 |
|---|---|
| 発行者 | 富　永　靖　弘 |
| 印刷所 | 誠宏印刷株式会社 |

発行所　東京都台東区台東2丁目24　株式会社　新星出版社
〒110-0016　☎03(3831)0743

© SHINSEI Publishing Co., Ltd.　　Printed in Japan

ISBN978-4-405-08690-6